AF174234

Séneca: ¿Filósofo o Humanista?

Repaso de las *Cartas a Lucilio*

Antonio Herrero Serrano

Séneca: ¿filósofo o humanista?

Repaso de las *Cartas a Lucilio*

UFV Universidad Francisco de Vitoria | Editorial

Madrid 2026

Colección *Diálogos*

Director
Vicente Lozano Díaz

Comité Científico Asesor
Carmen Romero Sánchez-Palencia
Fernando Viñado Oteo
Juan Pablo Serra
Cristina Ruiz-Alberdi Fernández

© 2026   Antonio Herrero Serrano

© 2026   Editorial UFV
Universidad Francisco de Vitoria
editorial@ufv.es / www.editorialufv.es

Segunda edición: febrero 2026
ISBN papel: 979-13-87731-61-8
ISBN digital: 979-13-87731-62-5
Depósito Legal: M-25153-2025

Impresión: Estilo Estugraf Impresores, S.L.

Este libro ha sido sometido a una revisión ciega por pares.

Queda prohibida, salvo excepción prevista en la ley, cualquier forma de reproducción, distribución, comunicación pública y transformación de esta obra sin contar con la autorización de los titulares de la propiedad intelectual. La infracción de los derechos mencionados puede ser constitutiva de delito contra la propiedad intelectual (arts. 270 y ss. Código Penal). El Centro Español de Derechos Reprográficos (www.cedro.org) vela por el respeto de los citados derechos.

Esta editorial es miembro de UNE, lo que garantiza la difusión y comercialización de sus publicaciones a nivel nacional e internacional.

Este libro puede incluir enlaces a sitios web gestionados por terceros y ajenos a EDITORIAL UFV que se incluyen solo con finalidad informativa. Las referencias se proporcionan en el estado en que se encuentran en el momento de la consulta de los autores, sin garantías ni responsabilidad alguna, expresas o implícitas, sobre la información que se proporcione en ellas.

Impreso en España - *Printed in Spain*

A mi familia,
a mis formadores,
en agradecimiento

Índice

Introducción
El mapa de las cartas a lucilio

Cuando uno acude a la estantería de una gran biblioteca y descuelga de ella un libro famoso que quiere leer, suele ceñirse espontáneamente a un pequeño ritual: desempolva casi siempre el canto, mira y examina la portada...; luego, sosegada y respetuosamente, pero con emoción, abre las primeras páginas. Diríase que en todos esos pasos, el lector ha estado pidiendo permiso al autor para acceder a su obra. Algo parecido es lo que sucede cuando se está ante las *Epístolas Morales a Lucilio o Cartas a Lucilio,* de Séneca. No es lo mismo leer los tratados del filósofo cordobés, las tragedias o los libros de ciencias naturales que tener ante la vista su epistolario. En aquellas producciones estamos ante el Séneca «oficial»: el filósofo estoico que tiene que prestar atención a cada idea, a cada expresión, cuando escribe. En las *Cartas* nos vemos con el filósofo de «andar por casa». Además, escribe este epistolario en los últimos años de su vida, quizá con más libertad de ánimo y hasta desenfado, que en cualquier otro momento de su vida.

En efecto, el filósofo se ha retirado a descansar a su querida villa de Nomento, que considera como parte de su vida y un miembro más que ha crecido con su familia. «Esta finca ha ido creciendo entre mis manos» (12,1),[1] constata con cierta ternura. Los

---

[1]   Las referencias a las *Cartas a Lucilio* irán siempre, tanto en el texto como en las notas, solo con los números correspondientes a cada epístola y al párrafo citado. Las demás citas bibliográficas se situarán al pie de página. Salvo retoques personales, las traducciones españolas que sigo son la de la Vicente López Soto, *Séneca. Cartas a Luci-*

anteriores han sido, como nunca antes, días de ajetreos y enredos de la vida pública de la Urbe. Peor aún: de un tiempo para acá, los chismorreos y las intrigas palaciegas de la corte de Nerón se han multiplicado. Lo más sorprendente: Séneca percibe que el emperador recela de él cada vez más y ya sin disimulos; y eso que ha sido su preceptor y consejero durante varios años. Nerón empezó bien la instrucción que le ofrecía Séneca. El filósofo hasta se felicitaba de que el césar diera con sabiduría y clemencia los primeros pasos de su imperio. Hasta le encomiaba, no sin empalago, por esos inicios atinados.[2] Luego el árbol se empezó a torcer; y ya sabemos los desenlaces en que vino a dar: la ira y venganza más crueles. Pero volvamos a Nomento, la finca rural a que acabamos de llegar. No hemos solicitado cita. Llegamos a la puerta, golpeamos tímidamente con la aldaba... Y pedimos permiso para entrar. El de Córdoba está arrimado a una tosca mesa. Escribe. Casi ni se ha percatado de nuestra presencia, ¡tan ensimismado está en su labor! Carraspeamos y, entonces sí, nos saluda. Nos informa luego que está volcado en la correspondencia epistolar con un querido amigo. Se cartean de vez en cuando. Y el andaluz llega a reconocer que a veces es perezoso en responderle. Con los ojos le decimos que nos gustaría leer algunas de las cartas, para hacernos una idea. Y es que ha llegado a nuestros oídos su fama de filósofo y de buen escritor. Nos comprende. Más aún, nos permite echar un vistazo a las epístolas que tiene ya ordenadas en un cercano rimero.

1. LA RIQUEZA Y VARIEDAD DE LAS CARTAS A LUCILIO

Es verdad: en el caso de las *Cartas a Lucilio*, estamos ante el Séneca más espontáneo, íntimo, sencillo y variado. Pero hemos querido pedirle permiso, pues sabemos que se trata de su intimidad: esa que uno vuelca

---

lio, Editorial Juventud, Barcelona 1982 y la de Ismael Roca Meliá: *Epístolas Morales,* Gredos, Madrid 1989. En alguna ocasión dejo el texto latino.

[2] En los números iniciales de los dos libros *Sobre la Clemencia* —pequeño manual de cómo gobernar, prudentemente—, Séneca nos deja ver, aun con manifiesta adulación servil, cómo el joven emperador se iba formando debidamente y quería dominar, con la guía de su gran educador, los brotes de ira que ya apuntaban en su temperamento y en sus acciones.

en los pliegos –o al menos hasta hace poco lo hacíamos así– cuando se dirige a algún ser querido, a un amigo.

Tenemos ahora entre las manos las ciento veinticuatro o ciento veinticinco cartas[3] conservadas. Medio millar de páginas, en las ediciones más apretadas. Desde luego, un caudal suficiente para correr la cortina y conocer mejor, en lo interior y en lo exterior, a nuestro andaluz más universal.

Si hay que hablar de *variedad* de registros y de temas, disponemos de un amplio teclado: el de su *teología* y relación cercana con la *divinidad*: «No obedezco a Dios, sino que estoy de acuerdo con él. Le sigo de corazón, no porque es necesario» (96,2). O aquella confesión de la divinidad que habita en el interior de cada uno: «Dios está cerca de ti, está contigo, está dentro de ti» (41,1);[4] convicción que luego desciende y debe hacerse norma de la propia conducta y de las relaciones mutuas: «Vive con los hombres como si Dios te viera; habla con Dios como si los hombres te estuvieran escuchando» (10,5). Un *Dios* en singular, en medio del bosque politeísta romano. En esos pliegos surge, además, el *crítico literario* (cf. 100), ordenador de libros por temas (cf. 108,1), bibliófilo y consejero en la lectura de libros, pues Lucilio encontrará siempre en ellos algo de provecho (cf. 45,4). Un Séneca *cercano,* confidente, aparentemente despojado de la austeridad estoica. No oculta al amigo su terca *precaria salud*: aquejado de fiebres en la Roma insalubre de agosto y septiembre (cf. 104,1), pero restablecido al poco de llegar a su finca nomentana (cf. 104,6); y eso aunque alguna vez no tenga allí ni panadero ni cocinero (cf. 123, 2-4). El personaje sumamente humano que, cuando no está enfermo de asma (cf. 54,1), se encuentra débil por otros achaques y alifafes: dolor de vejiga

---

[3] La última carta, la número 125, es más bien una colección de fragmentos sueltos de Séneca, que recogió el escritor romano *Aulo Gelio* (125-180). En ellos el filósofo de Córdoba emite juicios sobre Ennio, Cicerón y Virgilio. En las ediciones suelen recogerse como epístola 125. Cf. ROCA MELIÁ, I. *Epístolas morales a Lucilio.* Gredos, Madrid 1986, vol. I, pg. 18, vol. II, pg. 427).

[4] Un Séneca que, en cierto modo, parece adelantarse más de tres siglos a las experiencias profundas agustinianas del «Intimior intimo meo et superior summo meo» (SAN AGUSTÍN, *Confesiones,* III,6,11) o al «Et ecce intus eras et ego foris» (ID., Ib.X,27,38).

(cf. 96,3), resfriados y fiebres (cf. 78,2). Su *amistad* con Lucilio tiene su encanto: había pedido al amigo que él fuera el primero en escribir, para que luego el filósofo le respondiera. Pero Lucilio no se le adelanta, prueba de que no tiene noticias que contarle. Lucio Anneo rompe el pacto y toma la iniciativa de mandarle unas letras. No quiere caer en lo de Cicerón, que pedía a Ático que le escribiera aunque no tuviera nada que contarle[5] (cf. 118,1). Le comenta en otra carta que tarda en contestarle porque anda enredado en muchas tareas (cf. 196,1). Le envía una buena partida de libros, pero le advierte que no se considera sabio, sino inquieto buscador de la verdad: «Como quien todavía busca la verdad» (45,4). Las *desgracias familiares* se suman a la conocida *falta de salud* (cf. 96,1). Le machacan los *viajes*: «Itinere confectus» (123,1), escribe tras haberse mareado en una travesía.[6] Un pensador poco dado al *deporte*: ha disfrutado de un día redondo pues, según comenta al amigo, lo ha pasado entre el lecho y la lectura, con escaso ejercicio corporal porque, apenas se mueve, se siente ya fatigado. Y esto es un beneficio de la vejez, como intercala con ironía: «Por esto doy gracias a la vejez» (83,3).

No faltan *aspectos chuscos*: en cierta ocasión, el filósofo se retira a un apartamento en busca de quietud y silencio... Pues resulta que elige mal el sitio: abajo hay una casa de baños y un gimnasio. No le queda otra que hacer de tripas corazón y detenerse a describir lo que ve y percibe: gritos de los púgiles y silbidos de los espectadores, exclamaciones de los vendedores ambulantes del entorno —pastelero, salchichero...—, carruajes que pasan, músicos que ensayan la flauta junto a una fuente cercana... Y, claro, bosqueja un cuadrito costumbrista delicioso y entretenido (cf. 66,1-4). En medio de él, por increíble que parezca, emerge un Séneca que trata de concentrarse en su aquietado interior. ¡Y lo logra, estoico él!: «Obligo a mi espíritu a estar atento y a no sentirse atraído hacia las cosas externas. Aunque todo retumbe fuera, que no haya mientras ningún alboroto dentro» (56,5).

---

5   Cicerón, M.T., Cartas. A Ático, 1,12,4.

6   Cf. también 53,4-5.

El filósofo de Córdoba, ya en el *ocaso de sus años*, no duda reseñar su vida ante el amigo, como si se tratara de poner en común los
apuntes del cuaderno de bitácora de las diferentes singladuras de la
vida. El tono confidencial es evidente. Lucilio es su *alter ego*.[7] Más
allá del plural mayestático, Lucio Anneo invita a su amigo, quizá
algunos años menor, pero no muchos, a la cala de serenidad reflexiva,
después de las agitaciones de la mar de la vida. Ahora ambos las ven
ya en lontananza y bajo el dominio del pasado: niñez, adolescencia,
juventud, madurez, vejez: «Hemos navegado, Lucilio, durante la
vida; y como dice nuestro Virgilio, "las tierras y las ciudades se reti-
ran"» (70,2). La vejez es la estación de esa cosecha final, después de
haber esparcido tiempo y afanes por la vida: «Hemos desperdicia-
do con frecuencia mucho tiempo. Empecemos en la vejez a recoger
el equipaje. ¿Es esto acaso algo odioso? Hemos vivido en la mar,
muramos en el puerto» (19,1-2). Síntesis bellamente recogida: vida
zarandeada, vejez cosechadora, sosegada muerte en el puerto. Este
balance final de la existencia parece recomendárselo a los futuros
lectores de sus cartas. Esas confidencias aparecen nimbadas de lirismo y nostalgia, en un estilo vivo y ágil, como han evocado los dos
fragmentos. «Praenavigavimus, Lucili, vitam...»: la nostalgia queda
más patente con la alusión al verso del gran Virgilio,[8] poeta suyo, de
Lucilio y de toda Roma, como le llama.

Curioso y lleno de *curiosidades*: así es en sus cartas. Improvisado
vulcanólogo, llega a pedir a Lucilio que suba al Etna a comprobar
si es verdad que se va consumiendo (cf. 79,2-4). Parece que Lucilio
se interesaba mucho por los volcanes y se proponía escribir un
poema sobre este argumento. Da detalles sobre incendio de Lyon
(cf. 91), y es de las pocas fuentes sobre aquella calamidad. En otra
ocasión, nuestro autor, inquieto y espabilado, parece un *vendedor
de recetas* para hacerse rico pronto (cf. 119,1). O quiere figurar

---

[7] Emily Wilson comenta: «Surgieron comentarios sobre si Lucilio no era más que un
amigo imaginario. Su nombre –y esto es también bien sospechoso– parece una reminis-
cencia del nombre del propio Séneca, pues Lucilio era un diminutivo de Lucio. Lucilio
sería así una especie de mini-Séneca, un *alter ego* más joven. En ocasiones, Séneca parece
presentar a Lucilio como un homólogo idealizado» (WILSON, E., *Séneca*. Rialp S.A.,
Madrid, 2016, pg. 238).

[8] VIRGILIO, P.M., *Eneida*, III,72.

como viticultor y aconsejar para la vida, tomando pie del arte de la viticultura: «Quiero referirte un ejemplo tomado de nuestro oficio» (112,1-2).

La reseña de *temas* es amplia. Séneca aparece siempre como hombre culto que, por otro lado, es ameno. Sabe sazonar las cartas con anécdotas, generalmente históricas o filosóficas: Platón, que muere a los 81 años, el mismo día de su nacimiento: multiplicación perfecta del nueve (cf. 58,31). Alejandro Magno, dado a la embriaguez (cf. 83,19), como Marco Antonio y Cleopatra (cf. 83,25). Algunos de los ejemplos están llenos de donaire: Calvisio Sabino, rico repugnante, al decir del hispanorromano. Tan desmemoriado era este personaje que olvidaba los nombres de Ulises, Príamo y Aquiles; pero salió del apuro contratando a varios esclavos apuntadores: un *nomenclator* (cf. 27,5-8) que dominara a Homero; otro, a Hesíodo; otro, a los nueve poetas líricos. ¡Es lo que tiene no haber conocido por entonces el *nomenclator* de nuestro tiempo, llamado Google! La anécdota del filósofo Crates, que se encuentra con un joven que dice que solo habla consigo mismo. El filósofo le aconseja: «Presta atención a no estar hablando con un hombre malo» (10,1). Otros ejemplos son algo dramáticos, como el de Senección Cornelio: hombre pobre, de pronto convertido en rico, un buen día visita a Séneca por la mañana; y al día siguiente, al amanecer, ha muerto a causa de una fulminante angina (cf. 101,2-3).

Aparece en las cartas un fresco de la *sociedad romana*. Cuenta a su amigo cómo estaba impaciente de dejar la ciudad, cansado ya del olor a cocinas, que cubrían todo de humo y vapor que se mezclaba con el polvo (cf. 104,6). En la carta 95 hay un retazo costumbrista descrito con una mezcla de gracejo y de tristeza: las aulas de retórica y de filosofía están prácticamente desiertas, pero se ven apretadas y son muchas las filas de los jóvenes que se apuntan a las cocinas y a las casas de los derrochadores. La *culina* por encima de la *cultura* (cf. 95,22-23). Quizá por eso el olor a comida que inundaba las calles. Claro, apenas dejó Séneca ese miasma, su salud se fue reponiendo. Conocemos ya todo el tráfago y el ruido que se levantaba en los bajos y en los alrededores de su habitación mal elegida (cf. 56). A veces, del costumbrismo entretenido pasa a un aguafuerte intenso de *vicios*. Lo pergeña sobre todo la carta 122: adolescentes que se embriagan a las puertas de los balnearios; hombres que se visten de mujer; trasnochadores impacientes; los que sufren las borracheras hasta el punto de cambiar el día por la noche. Otras cartas recogen notas parecidas: excesos en las comidas, pederastia (cf. 95,24); jóvenes consumidos por la lujuria (cf. 99,13). ¿La causa? El hastío existencial: «La causa principal de esta enfermedad me parece a mí que es el hastío de la vida en común» (122,18). Una sociedad en decadencia, cuya sombría estampa parece intercambiable con la nuestra en varios aspectos.[9]

El epistolario nos facilita, como se ve, el trato cercano con Séneca. Un Séneca familiar, campechano. El filósofo estoico, ahora en mangas de camisa; o, ya sin anacronismos, con la túnica; que la toga descansa colgada, esperando otra salida a la polvorienta y maloliente ciudad. Atareado en la escritura. Saltamos veinte siglos y estamos a su lado en la villa de Nomento. Quiere comentarnos él cada párrafo que garabatea, para que lo sintamos propio o, si es el caso, se lo emborronemos y le mandemos corregirlo. Como si nosotros fuésemos el amigo del siglo XXI que ha sustituido al Lucilio del primero. Los azares de su vida, sus curiosidades, la trama de sus pensamientos elevados o de sus rastreras molestias y preocupaciones; hasta las incidencias, chismes, titulares y «última hora» romana del día: todo esto figura en el mapa espontáneo e inquieto de tan peculiar correspondencia epistolar.

Algunas de sus cartas son pequeños tratados o *ensayos,* que incluso tienen su paralelo en tratados más amplios y monotemáticos del filósofo: la brevedad de la vida (cf. 49), la felicidad (cf. 92), la providencia divina (cf. 107), etc., que remiten a diálogos como *De brevitate vitae, De vita beata, De Providentia,* respectivamente.

Las *Cartas morales a Lucilio* constituyen un fenómeno único, no porque no existiera ya el género epistolar elevado a las cumbres de la

---

[9] Ya escribía Diderot, en el siglo XVIII, lo que vale en buena medida tres siglos después: «El paralelismo de nuestras costumbres con las de su tiempo llega a ser, en ocasiones, tan clamoroso, que uno abandona la traducción para comprobar el original y asegurarse de que es eso lo que dice» (DIDEROT, *Ensayo sobre la vida de Séneca.* Losada, Buenos Aires, 2004, cap.75, pg. 176).

literatura, sino precisamente por el cauce, a la vez familiar y cultural, de que las dota. Si se compara el epistolario senequista con las *Cartas de Cicerón* —parangón casi obligado, como exponente anterior de otro genio de la literatura—, se advierte con nitidez que éstas nos dan el color y el calor de su alma: amor a la familia, amistad con Tito Pomponio Ático…, y nos plasman las circunstancias históricas en que se desarrolló la vida de Marco Tulio, pero raramente se despliegan en una visión temática espontánea sobre los saberes filosóficos, la virtud y las virtudes, las coordenadas del recto vivir o las relaciones con la divinidad, y tantos otros asuntos que aparecen en las páginas del filósofo hispano, como lo va atestiguando esta reseña.

Tan rica correspondencia deja momentáneamente la impresión de ser una *autobiografía* espontánea, no pretendida, asistemática; contada, más que escrita. Es Séneca mismo que se vacía en sus pliegos. Una suerte de confesiones de su vida. Y, a la vez, un *consultorio* abierto de variados temas. El antiguo preceptor de Nerón parece asumir la conciencia de guía ético de la sociedad romana, especialmente de la juventud. Lucilio le plantea directa o indirectamente los temas de las consultas, y el amigo filósofo se los va tratando y respondiendo. Por eso, puede verse también el epistolario como un manual informal de ética, a golpe y trajín de calle y de vida del día a día.

En ese mismo tapiz de concienciación humana y moral, las misivas al amigo obran, casi espontáneamente y veinte siglos antes, lo que hoy buscan arduamente no pocos escritores de libros o manuales de *superación personal*. Para ser buenos, hay que querer: «Quid tibi opus est ut sis bonus? Velle» (80,4). Lógica aplastante; verdad poco menos que de Perogrullo. Voluntad de superación en el bien, que implica dejar todas las esclavitudes que nos oprimen, como recoge en esa carta. E incluso conviene el retirarse del vulgo y plegarse en el propio interior, pues es esencial ser amigo de sí mismo.[10] Desde ese retiro[11] al interior del alma

---

[10] El sabio estoico de Hispania constataba esta deficiencia que él confiesa en primera persona: «Aún no soy amigo para mí mismo: *mihi ipsi nondum amicus sum*» (SÉNECA, L.A., *Sobre la vida feliz,* II,3).

[11] «Retrete», que decían nuestros místicos clásicos para hablar del recinto apartado en el propio ser.

se evalúan mejor las propias deficiencias y posibilidades: «Ante todo es preciso valorarse a sí mismo, porque generalmente nos imaginamos poder más de lo que podemos.»[12] Un proyecto voluntarioso, pero realista, de autosuperación. A no dudarlo.

Algunas de estas consideraciones alumbran nítidamente que las *Cartas a Lucilio,* mucho más que una correspondencia entre amigos, son un *ideario de cómo vivir.* Algo que se percibe, así mismo, en los tratados del cordobés. Van desfilando en ellas los consejos sobre cómo aprovechar el tiempo (c.1), los viajes y la lectura (c.2); una carta, llena de socarronería, sobre el equilibrio en el ejercicio físico (c.15);[13] otra acerca del vulgo (c.31). En otras epístolas aborda la utilidad de las citas y sentencias de otros (c.33); la auténtica amistad (cc.6,35); el aprovechamiento del ocio y del retiro (cc. 22,36,51); el trato humano y hasta familiar con los esclavos (c.47); cómo afrontar el dolor, la vejez, la muerte (c.78); la vida como constante milicia (c.96). O recalca que nada de añorar el pasado: todas las épocas y tiempos tienen sus culpas (c.97). Y hasta dedica una a la percepción que él tiene de los animales (c.124), etc. Esos consejos aparecen con frecuencia en cápsulas incisivas, gracias al *estilo sentencial* tan propio de este filósofo y de los estoicos.[14] Una ética sucinta en frases lapidarias bien dosificadas: «El peligro de cada día le viene a hombre por parte del mismo hombre» (103,1). «¿Qué hay más vergonzoso que empezar a vivir cuando uno es ya viejo?» (13,17). «Ninguna esclavitud es más vergonzosa que la voluntaria» (47,17). «El camino a través de los preceptos es largo; pero es breve y eficaz a través de

---

[12] SÉNECA, L.A., *Sobre la tranquilidad del espíritu,* VI,2.

[13] Algunos consejos y reflexiones del cordobés podrían venir bien hoy a ciertos deportistas extremosos: primero, la salud del alma; luego, la del cuerpo con el ejercicio, pero con moderación, pues por más musculatura que uno desarrolle, ¡cualquier buey le superará en fuerza y peso!: «Cum tibi feliciter sagina cesserit et tori creverint, nec vires umquam opimi bovis nec pondus aequabis» (15,2). ¡Leer la última frase e imaginarnos la cara socarrona del filósofo al escribirla son lo mismo!

[14] Por ejemplo, en el mundo latino se puede recordar que el filósofo estoico y emperador Marco Aurelio, un siglo postcrior a Séneca, eligió también fundamentalmente el género sentencial para comunicar su pensamiento, sobre todo en sus *Meditaciones* (Τὰ εἰς ἑαυτόν). Significativamente, prefirió escribir en griego, a diferencia de nuestro hispanorromano.

los ejemplos» (6,5). «Conviene que vivas para otro, si quieres vivir para ti» (48,2),[15] etc. Son varias decenas de ellas las sembradas como a voleo en sus páginas.

Al mirar al filósofo estoico, Diderot se planteaba esta disyuntiva: «Ser hombre de todas las épocas o hijo de su tiempo, problema de no fácil solución.»[16] Leyendo las *Epístolas morales a Lucilio* se llega más bien a la percepción de que la disyuntiva no parece ser la solución. Nuestro filósofo es hijo de su tiempo, pero el modo de dar respuesta a los asuntos de su generación se proyecta sobre un horizonte mucho más amplio: el del hombre de todos los tiempos. Es consciente de su vocación educadora también para las generaciones venideras. Sabe que tiene entre manos un asunto y un mensaje para la posteridad: «Posterorum negotium ago» (8,2)—. Él mismo escribía a Lucilio que consideraba sus cartas, redactadas en la soledad, como medicina saludable abierta a otros muchos, pues a él también le habían ayudado personalmente los consejos que dejaba escritos a su amigo:

> «Me he retirado no solo de los hombres, sino de los asuntos; ante todo, de los míos. Me ocupo en el interés de los que ha de venir. Les escribo algo que les pueda ser de provecho. Les dejo en mis escritos saludables advertencias y preparados de medicinas útiles, pues tengo la experiencia de que son eficaces en mis llagas que, si aún no están del todo curadas, han dejado ya de extenderse» (8,2).

Mirada al futuro no carente de vanidad y de búsqueda de la gloria, es verdad, pero no exenta tampoco de profecía. Séneca, en efecto, sigue hoy echando una mano en la formación de la conciencia del hombre.

---

[15] La vitalidad de estas máximas solo se puede apreciar cabalmente en el latín enjuto de Lucio Anneo: «El peligro diario para el hombre le viene del mismo hombre: *Ab homine homini cotidianum periculum*» (103,1). «¿Qué hay más vergonzoso que un anciano que comienza a vivir: *Quid est autem turpius quam senex vivere incipiens?*» (13,17). «La esclavitud más vergonzosa es la que uno quiere imponerse: *Nulla servitus turpior est quam voluntaria*» (47,17). «Es largo el camino a través de los preceptos; breve y certero, a través de los ejemplos: *Longum iter est per praecepta, breve et efficax per exempla*» (6,5). «Vive para otro, si quieres vivir para ti mismo: *Alteri vivas oportet, si vis tibi vivere*» (48,2). «Morimos peores que cuando nacemos: *peiores morimur quam nascimur*» (22,5), etc.

[16] DIDEROT, D., o. c., cap. 94, pg. 232.

2. ENFOQUE Y ALCANCE DE ESTE ENSAYO

De ese despliegue del epistolario de Lucio Anneo, tan rico de temas y de sensibilidad, este trabajo quiere fijarse en dos líneas: la de la filosofía y la de las artes liberales. Más aún, la razón principal la ha constituido el percibir, al ir leyendo las *Cartas,* un trato diferenciado para uno y otro saber, incluso en contraste. La filosofía figura como la perla. Y no es de asombrar, que para eso es filósofo. Lo que sí iba llamando progresivamente la atención era que los estudios liberales —como los llama comúnmente— quedaran poco reconocidos o, derechamente, mal tratados y, por ende, «maltratados» y menoscabados. Luego se verá si es así o es solo una sensación primeriza.

En consonancia con esas inquietudes, el presente ensayo consta de *dos capítulos* iniciales para tratar de despejar qué es la filosofía para Séneca y qué visiones se le oponen. El capítulo *tercero* repasará los estudios liberales en la concepción del mundo antiguo y de Séneca. Ese capítulo dejará la inquietud de si Séneca es solo filósofo y deja los estudios liberales mal parados. Por tanto, se requerirá una revista crítica, en el *capítulo cuarto,* para discernir en qué quedamos; o, mejor, en qué queda y en qué nos deja el de Córdoba cuando se refiere a las humanidades. El *quinto* y último capítulo ponderará y evocará la filosofía como educadora y refugio del alma.

21

Capítulo I
Qué es la filosofía para Séneca

Antes de abordar la respuesta a esa pregunta del título, pueden ser útiles las siguientes consideraciones. La filosofía nace en Grecia con una vocación particular: reflexionar, con la luz de la razón, sobre todo cuanto existe: el universo, la naturaleza, el hombre... Su pretensión es buscar las causas últimas. Las escuelas y los filósofos dedicarán sus pensamientos a esos objetivos según las inquietudes propias. La filosofía jónica indagará más sobre la φύσις; los eleáticos darán cabida a las primeras cuestiones metafísicas, pero sin involucrar en ellas plenamente al hombre. Un giro antropocéntrico lo va a aportar, en cambio, la sofística. Protágoras sentará que «el hombre es la medida de todas las cosas; de las que son, en tanto que son; y de las que no son, en tanto que no son.»[17] La interpretación de esta sentencia, cargada en sí de humanismo, puede bascular hacia el relativismo declarado: cada individuo mide la verdad según su propia conveniencia. Padre del relativismo se ha llamado a Protágoras. Sócrates, evaluado con frecuencia por los contemporáneos como un sofista más, va a distanciarse significativamente de ellos: no apelará a lo convenenciero, sino a la verdad. Se apropiará como guía de vida la inscripción del *pronaos* del templo de Apolo en Delfos: «γνῶθι σαυτόν». La interiorización en la conciencia será el primer conocimiento, que luego se expresará en el obrar mediante la virtud —ἀρετή— o esfuerzo por alcanzar la perfección ética. Aristóteles recalcará que esa virtud, ejercitada constantemente, forma una costumbre o hábito. En ese proceso del obrar, la razón va a ser la guía que modere y equilibre los extremos.

---

[17] VV.AA., *Los Sofistas. Testimonios y fragmentos.* Alianza Editorial, Madrid 2013, pg.64.

Puede decirse que, hasta la aparición del estoicismo, no hay otra doctrina filosófica en la Grecia antigua que subraye tanto la importancia de la virtud en el terreno ético.

La *Stoa* señalará concretamente un camino práctico en el ejercicio de la virtud. La razón aprenderá en la naturaleza los principios. El bien moral consistirá en ajustar la vida a la naturaleza, porque ella no nos puede acarrear males: «Todo lo que sucede según la naturaleza hay que tenerlo por bueno.»[18] Naturaleza equivale aquí a ley natural. El hombre, mediante la razón, irá conociendo lo que le manda la naturaleza.

Pues bien, el planteamiento del *Pórtico* fue el que mejor se avino a la mentalidad romana, caracterizada por su recio «espíritu tradicionalista y conservador.»[19] Además, los principios estoicos conservaban y fortalecían dicho espíritu. No es de extrañar que los filósofos más notables de Roma —Séneca, Marco Aurelio, el mismo Epicteto[20]— pertenezcan a esta escuela y hagan que su filosofía sea ante todo práctica. No quiere decir esto que el trasvase de las ideas griegas a Roma vaya a quedar sin ninguna respuesta creativa en los receptores. Los latinos no aportarán mucha originalidad a lo recibido de Grecia, pero sí amplitud de miras y genio pragmático,[21] también

---

[18] CICERÓN, M.T., *Sobre la vejez*, 71.

[19] GONZÁLEZ ÁLVAREZ, Á. *Historia de la filosofía. En cuadros esquemáticos*, Epesa, Madrid 1964, 5ª, pg 34.

[20] Si bien de origen y formación helenista, vivió varios años en Roma. Su magisterio estoico solo fue oral; en esto, al más puro estilo socrático. Ejerció influyó en el pensamiento de la juventud romana incluso en décadas posteriores a su expulsión de Italia, decretada por Domiciano hacia el año 90. Esta resonancia se debió en gran medida a que su discípulo Flavio Arriano recogió su doctrina por escrito.

[21] Cicerón, con realismo inevitable pero, a la vez, con atrevido pundonor muy romano y muy comprensible, escribirá que –en su opinión— los latinos mejoraron lo recibido de los griegos, al menos lo que de ellos eligieron como campo de trabajo: «Meum semper iudicium fuit omnia nostros aut invenisse per se sapientius quam Graecos aut accepta ab illis fecisse meliora, quae quidem digna statuissent, in quibus elaborarent» (CICERÓN, M.T., *Disputas tusculanas*, I, 1). Como él señala, esa es opinión muy suya. Sabemos que difícilmente resiste un juicio crítico comparado. El mundo cultural de los griegos, vencidos por las armas romanas, fue más rico y variado que el del vencedor: ahí está el parecer lapidario y certero, tantas veces traído a cuento,

en los cuadros de ideas procedentes de Grecia, como lo ilustrará muy bien la obra de Lucio Anneo.

1. LA FILOSOFÍA Y SU EXCELENCIA

A) En primer lugar, el filósofo de Córdoba pasa reseña al *concepto tradicional* de entonces sobre la filosofía, que es el que prevaleció en esencia hasta el final del siglo XVII:

> «Algunos definieron la sabiduría diciendo que es la ciencia de las cosas divinas y de las humanas; otros así: la sabiduría es conocer las cosas divinas y humanas y sus causas.[22] Tal añadidura me parece superflua, porque las causas de las cosas divina y humanas son parte de las cosas divinas» (89,5).

La sabiduría queda identificada aquí con la filosofía. Ésta quiere abarcar todo lo que existe y llegar a sus últimas raíces. La apostilla que Séneca ve sobrante no lo es tanto, si nos fijamos en la filosofía del autor, pues remite a su concepción de toda la realidad gobernada por una Providencia[23] o *mens.* Por lo demás, el filósofo de Córdoba sigue haciendo en otras cartas la distinción entre cosas divinas y cosas humanas para referirse a la totalidad de la filosofía.[24]

---

del poeta Horacio, nacido dos años después de la muerte del orador: «Graecia capta ferum victorem cepit et artes/ intulit agresti Latio» (HORACIO, Q. F. *Epístolas,* II,1, 156-157). Comoquiera, el parecer voluntarista de Cicerón al respecto no deja de causarnos cierta sonrisa indulgente.

[22] «Felix qui potuit rerum cognoscere causas» (VIRGILIO, P. M., *Geórgicas,* II,490). Generalmente los poetas llegan a las mismas conclusiones que los filósofos, si bien por un camino diferente y generalmente ajustado a la belleza formal. Séneca conocía muy bien esos versos del poeta de Mantua. Virgilio es, en efecto, el poeta más citado en sus *Epístolas morales.*

[23] «... praeesse universis providentiam probaremus et interesse nobis deum», escribirá en el tratado *Sobre la providencia,* I,1).

[24] Por ejemplo: «Quamcumque partem rerum humanarum divinarumque comprehenderis, ingenti copia quaerendorum ac discendorum fatigaberis» (88,35).

B) Esas definiciones que escoge de la tradición parecen referirse más a la inteligencia que a la voluntad. Por eso él va a rastrear otras que presentan *la filosofía como afán por la virtud* y como inquietud por enmendar la vida, de acuerdo, ¡cómo no!, con la recta razón como apoyo:

> «También hubo quienes definieron la filosofía de diferentes formas: unos, como el afán por la virtud; otros, como el afán por enmendar el alma; y algunos la han denominado el deseo de la recta razón» (89,5).

Séneca es más partidario de esos tres sentidos.

C) Con esta antología de conceptos, deja claro que la filosofía es cosmovisión. No cae en parcialidades ni en intereses convenidos de antemano. Es contemplativa y activa. Une, pues, dos movimientos que no deben contraponerse: el θεωρεῖν, procedente del asombro (θαυμάςειν) inicial —recordemos su trascendencia en el comienzo de la filosofía, por ejemplo en las escuelas griegas jónica y pitagórica—, con el ποιεῖν, el obrar, que permea más directamente la corriente estoica. La filosofía está animada, además, de tal aliento espiritual que no se queda solo en lo terreno; abarca toda la realidad. El autor de las *Cartas,* dirigiéndose a Lucilio, deja que la filosofía en persona nos persuada, como a él, de su alta vocación universal, a la vez que nos advierte del error de quererla encajonar en una sola dimensión:

> «La filosofía, por su parte, es especulativa y práctica: contempla y actúa a la vez. Te equivocas, en efecto, si crees que ella te garantiza solo una actividad: aspira a metas más altas. "Escudriño —dice ella— el universo entero y no me limito al ámbito de la convivencia humana quedándome contenta con persuadiros o disuadiros. Grandes cosas me reclaman situadas por encima de vosotros"» (95,10).

La prosopopeya es emotiva, sobre todo, por la vehemencia del apóstrofe.

D) Altius spirat —aspira a metas más altas—, acaba de escribir Lucio Anneo sobre la filosofía. Y ella misma ha expresado que su ámbito nos trasciende. Nuestro pensador va más allá y le da un horizonte divino e incluso superior. La carta 90 es toda ella un *elogio de la filosofía*, además de la ponderación de su utilidad. Puede ser que el filósofo andaluz rebase ahora la frontera de la hipérbole y hasta llegue al ditirambo, pero asienta convenientemente las bases de un encomio razonable: la filosofía es un don divino que requiere un compromiso humano. El vivir es don de los dioses; el vivir bien lo es de la filosofía. Por eso, nuestra deuda con la filosofía es mayor que con los dioses:

> «¡Quién puede dudar, Lucilio querido, de que es don —*munus*—[25] de los dioses inmortales el vivir; y de la filosofía, el vivir bien! En consecuencia, tendríamos por cosa cierta que debemos más a la filosofía que a los dioses, pues es mayor el beneficio del bien vivir que el del vivir...» (90,1).

Su inmediata conclusión es atrevida, si bien termina por matizarla, a fin de no encumbrar la filosofía por encima de los dioses o, si se prefiere, por encima de la teología. Y en esa precisión deja incluso algo de rienda a la ironía; también la filosofía viene a ser concesión divina: en última instancia son los dioses los que otorgan a todos la filosofía como facultad o posibilidad, pero ¡no como ciencia ya desarrollada! Así que la filosofía exige un cultivo esforzado y arduo: «... si no fuera porque los dioses nos han dado la filosofía misma; cuyo conocimiento no concedieron a nadie, pero sí a todos la capacidad» (90,1).

La filosofía es la vida y la salud del alma; pero cuando se filosofa, no simplemente cuando se estima su saber. Esa reflexión Séneca la hace más viva usando el molde del estilo epistolar. Y es de subrayar que el de Córdoba está ya dentro del género epistolar. Las cartas entre los filósofos —apunta— deberían llevar otro encabezado y saludo. No ya el consuetudinario: «Si vales bene est, ego valeo»,

---

[25] *Munus.* En el sentido de *don* o *regalo;* esto es, algo inmerecido. Pero, a la vez, *munus* quiere decir *tarea* y *responsabilidad* que vienen de los dioses.

sino éste, curioso e inesperado: «Si philospharis, bene est.»[26] Propuesta ocurrente, sin duda, que sobre todo los amantes de la σοφία deberían poner sobre la mesa antes de cartearse. ¡Podrían muy bien cruzarse ese saludo simpático, pero muy profesional, al menos de vez en cuando! Es verdad: filosofar es gozar de salud plena. Al hacerlo, el alma no cae en la depresión ni en la angustia, y el cuerpo no se abandona a un alocado frenesí.

Esto hace de la filosofía toda una dama llena de honor e imperio. Ejerce su señorío sobre nosotros: «La filosofía ejerce su realeza» (53,9). No se la puede relegar como si fuera sierva. No hay más que acogerla y obedecerla; no queda otra salida: «Es señora. Se presenta y ordena» (*ib*).

2. FINALIDADES

De forma velada o manifiesta, buscamos siempre una utilidad o finalidad en todo lo que hacemos y en lo que nos rodea: la felicidad, el aprecio de los demás, los recursos para facilitar el trabajo... ¿A qué se orienta la filosofía? El filósofo hispanorromano plantea esa pregunta a su interlocutor Lucilio, porque sabe que bulle en el ánimo de ambos y de todos: «¿Qué admirarías en la filosofía, en el caso de ser beneficiosa?» (90,2). En otras palabras: ¿sirve para algo?, ¿cuál es su finalidad? Y ya acaba de dejar claro que es tan saludable como la salud misma. Luego ¡vaya que es provechosa: beneficiaria res!

A) La respuesta primera a esa inquietud por el para-qué de la filosofía es perseguir el verum hasta darle alcance: la *búsqueda* y el *hallazgo* de la verdad en lo divino y lo humano: «El único bien suyo es encontrar la verdad de las cosas divinas y humanas» (90,3).

---

[26] «Tuvieron los antepasados una costumbre, conservada hasta mis tiempos: la de añadir a las primeras palabras de una carta estas frases: "Si estás bien de salud, encantado; yo me encuentro bien". Nosotros decimos también con razón: "Si filosofas, está muy bien". Tener salud es precisamente esto. Sin ello el espíritu está enfermo; y el cuerpo, aunque tenga muchas energías, es tan vigoroso como los furiosos y frenéticos» (15,1). Este párrafo es el inicial de la carta 15. Constituye, por otro lado, un atractivo exordio que capta la atención y la benevolencia de Lucilio y, en él, la de futuros destinatarios: los amantes de la filosofía de todos los tiempos, que ven en ella la salud del espíritu y aun del cuerpo.

Queda clara la nobleza de miras con que Séneca elogia la filosofía. Desechará ésta, por ende, la doblez, los intereses materiales y económicos, como se analizará más adelante.

B) A ese anhelo del *verum* añade el del *bonum*. La carta número 48 va detallando las parcelas de ese bien que la filosofía nos aconseja o que ejercita de cara a nosotros. En efecto, como maestra de vida, nos ofrece el *consejo* para afrontar debidamente los avatares del cotidiano existir: pobreza, mala fortuna, afanes de las riquezas, muerte...[27] Eso es lo que promete al género humano, y no el perderse en sutilezas de silogismos (cf. 88,5 y 6). Otra vez nuestro estoico subraya la visión integral de la filosofía como educadora de todos los hombres.

C) Junto al consejo nos pide la *acción altruista,* inspirada en mostrar la verdad —«veritatis lumen»—. Por lo tanto, se descartan intereses personales de vanidad o de otra índole. El de Córdoba se lo representa a su buen amigo, ardientemente y con un estilo visual muy emotivo: Lucilio debe estar muy cerca de los necesitados. Todos tienden sus manos hacia él en petición de ayuda en su desvalimiento:

> «Todos tienden por doquier sus manos hacia ti; para su desdichada vida, abocada a la ruina, te imploran una ayuda; su esperanza y sus riquezas penden de ti. Ruegan que los saques de tan gran turbación; que a ellos, abatidos y errantes, les muestres la luz de la verdad» (48,8).

Esas obras altruistas son las que la filosofía suplica patéticamente a Lucilio.

D) El filósofo las inserta en un tapiz más general: el de la *naturaleza* y sus variadas y atinadas enseñanzas. Lucilio debe enseñar a los demás el corazón del recto vivir, que es seguir el dictamen de la naturaleza y dar crédito a ésta, no a la opinión:

> «Diles qué ha hecho necesario la naturaleza, qué superfluo; qué leyes tan fáciles ha dictado, qué agradable es la vida, qué desembarazada

---

[27] «¿Quieres saber qué promete la filosofía al género humano? El consejo» (88,7).

para los que las siguen; y qué amarga y complicada es la de quienes dieron más crédito a la opinión que a la naturaleza» (48,9).

La *natura* es cimiento y síntesis de la filosofía estoica, frente a la *opinio* (δόξα) de los sofistas antiguos y de los relativistas de turno.

E) La filosofía es *camino de la felicidad*. Es una constante en el pensamiento humano señalar la felicidad como fin y anhelo de la vida. Felicidad que supone la previa elección del bien conforme a la verdad. De nuevo, el *verum* y el *bonum* en juego; y éste atraído por el primero. Viene inmediatamente a la memoria el pórtico mismo del tratado *Sobre la Vida Feliz,* que el filósofo hispanorromano dedica a su hermano Lucio Junio Galión: «Todos quieren vivir felizmente, querido hermano Galión.»[28]

F) En las *Cartas* va a traer al escenario la misma reflexión: la vida es como un combate de gladiadores. Lo que ellos juran es soportarlo todo: afrontar el fuego, las cadenas e incluso la muerte a espada. Pero se les concede pedir la misericordia del pueblo. A nosotros, en el camino de la vida, tampoco se nos permite abandonar (cf. 38,1-2). Se tiene que morir de pie e invicto: «Recto tibi invictoque moriendum est» (37,2), recomienda a Lucilio. Imperativo categórico. No hay escapatoria de huida ante las adversidades, pero se las puede vencer. Y, citando a Virgilio —«fit via vi»[29]—, señala a su interlocutor que el camino de esa sufrida victoria y de la felicidad en la libertad es la filosofía:

---

[28] «Vivere, Gallio frater, omnes beate volunt» (SÉNECA, L.A., Sobre la vida feliz, I,1). San Agustín recuerda frecuentemente este anhelo del hombre con palabras casi idénticas: «Es sentencia cierta de todos los que de cualquier modo pueden hacer uso de la razón que todos los hombres quieren ser felices» (AGUSTÍN, san, La Ciudad de Dios, lib.X,1). «La vida dichosa, que todos quieren; y, en una palabra, no hay nadie que no la anhele» (ID., Confesiones, lib.X,20,29). La felicidad, la búsqueda del saber y de la verdad son tal vez los anhelos existenciales mayores del hombre. Recordemos que Aristóteles, siglos antes, comenzaba ya la Metafísica con parecida sentencia referida al saber: «Todos los hombres por naturaleza desean saber» (ARISTÓTELES, Metafísica, A, 980 a). Cf. abajo nota 28.

[29] VIRGILIO, P.M., Eneida, II,494. La fuerza de la aliteración da más contundencia a la frase.

«Acógete a ella si quieres estar salvo, si quieres estar seguro, si quieres ser feliz; finalmente, si quieres ser libre, que es lo más grande. Esto no puede ser de otro modo» (37,3).

Lucilio debe sacar esta clara conclusión: sin la dedicación a la sabiduría —*sapientiae studium*—, nadie puede ser feliz, ni siquiera de manera soportable, pues ella da la felicidad.[30]

G) f. La filosofía es *fragua del espíritu; ordenadora y guía de la vida, como buen timonel.* Si queremos tener un apretado manojo de las utilidades más preciadas que brinda la filosofía, este fragmento que sigue es posiblemente al respecto el más iluminador de todo el epistolario, además de ofrecernos una prenda de su estilo ágil y sentencioso:

«Forma y forja el alma, ordena la vida, dirige las acciones, muestra lo que hay que hacer y lo que hay que omitir; se sienta al timón y dirige el curso de los que están a merced de las olas por entre escollos. Sin ella nadie puede vivir con valentía ni seguridad. A cada hora acontecen innumerables situaciones que requieren un consejo que hay que pedirle a ella» (16,3).

Como remate de la carta 88, Séneca recoge estas finalidades en una promesa y llamada elevada de la filosofía: ¡hacernos iguales a Dios!:

«Esto es lo que la filosofía me promete: hacerme igual a Dios. Para esto me ha invitado. Para esto he venido. Mantén la palabra» (48,11).

H) Asemeja a los dioses. ¿Se puede pedir o esperar más de la filosofía? Parecería que no. Con todo, sí. El de Córdoba acaba de señalar que ella forja y construye el espíritu —animum fabricat—. Pues la aguja de toda esa fábrica arquitectónica que la filosofía levanta como culmen es ésta: nos hace semejantes a Dios —«ut parem deo faciat» (*ib.*)—. Ésa es la más elevada

---

[30] «Yo sé, Lucilio, que esto es claro para ti: que nadie puede vivir felizmente, ni siquiera de manera soportable, sin el estudio de la filosofía, y que la vida feliz se logra con la perfecta sabiduría» (16,1).

vocación y promesa de la filosofía. El discípulo de Zenón lo acaba de expresar en primera persona, como experiencia de su vocación personalísima y tarea de su existencia en pos de la filosofía. Lo ha recalcado con el juego de la anáfora: «Ad hoc invitatus sum, ad hoc veni» (*ib.*).

De este modo, casi sin sentirlo, la *filosofía* desemboca ya en el océano de la «teofilía» (θεοφιλία), si se permite llamarla así. O, más llanamente, se transforma en *teología*.

3. DIVISIÓN DE LA FILOSOFÍA Y SU UTILIDAD

Lucilio ha pedido a su maestro que le divida la filosofía en partes (cf. 89,1). Séneca le responderá que su petición es útil y necesaria tanto de cara a la filosofía en sí como con vistas a la metodología del aprendizaje. Y la va a estructurar como conjunto doctrinal: por las partes se llega mejor al todo. Lo que es de grandes dimensiones hay que dividirlo: al pueblo, en tribus, barrios...; al ejército, en centurias, decurias... (cf. 89,3). Aunque lo ideal sería abarcar toda la filosofía como se nos presenta, con un golpe de vista y de intelección. Echa mano de una comparación: el aspecto del universo se nos exhibe como un gran espectáculo y todo de una vez. Ojalá así saliera a nuestro encuentro la filosofía, toda y en todas sus partes: «Tota nobis posset occurrere» (89,1). En esta carta 89 que nos ocupa va a trazar tal división de la filosofía en partes, pero no en pedazos, como bien matiza: «Philosophiam in partes, non in frusta dividam» (89,2). Trocearla o dividirla en pedazos equivaldría, efectivamente, a «hacerla pedazos» o añicos. Sería dejarla inconexa e irreconocible. División, sí, pero sin atentar contra la unidad. División metodológica, que no ontológica, puede decirse.

A) Lucio Anneo se atiene a la estructuración, definida ya sobre todo con Aristóteles y sus discípulos. Zenón y los estoicos recogieron y respetaron esa clasificación.[31] Y, salvo correcciones o

---

[31] Cf. Codoñer, C., *Séneca y el discurso filosófico*. En *Séneca, dos mil años después*. Actas del Congreso Internacional Conmemorativo del Bimilenario de su Nacimiento. Publicación de la Universidad de Córdoba. Córdoba 1977, pg. 298.

aportaciones leves de las diferentes escuelas, se mantuvo incluso hasta finales de la Edad Media. Son tres las partes troncales según la tradición platónica y aristotélica: la filosofía moral, la natural y la racional (cf. 89,9.14-17).

B) Desglose:

1) Filosofía *moral:* busca el ordenamiento del alma. La subdividide en tres:
   i. Sobre la justicia (*de iustitia*)*:* investigación cuidadosa (*inspectio*) por dar a cada quien lo suyo y apreciar el valor de cada cosa.[32]
   ii. Sobre los impulsos (*de impetu*).
   iii. Sobre los actos (*de actionibus*).

2) Filosofía *natural:* investiga la naturaleza. Se divide, a su vez, en dos partes:
   i. objetos corpóreos.
   ii. objetos incorpóreos.

3) Filosofía *racional:* estructura las palabras y los argumentos que deben vigilar para que no se introduzca ni siquiera subrepticiamente el error: «... para que nada falso se infiltre en lugar de lo verdadero» (89,9). Integrada también por dos componentes:
   i. Retórica: sobre el discurso declamado continuo. Se fija en las palabras, su sentido y orden.
   ii. Dialéctica: discurso o razonamiento argumentativo, formulado con preguntas y respuestas. Considera, pues, la lógica de lo que se dice y el significado o los términos en que se dice.

Lucio Anneo sintetiza así la filosofía en este esquema tripartito.[33] Deja constancia de que se han dado más clasificaciones: algunos

---

[32] Obsérvese que Séneca no usa en este caso el vocablo abstracto *iustitita*. Prefiere el enunciado concreto y dinámico: «Inspectio suum cuique distribuens et aestimans quanto quidque dignum sit» (89,14).

[33] «... cum tripertita sit philosophia» (89,14).

33

peripatéticos añadían como cuarta rama la económica (cf. 89,10). Los epicúreos optaron por la reducción: dejaron la filosofía en dos grandes bloques: la natural y la moral. Evita el de Córdoba caer en un laberinto de apartados y clasificaciones. Después de tratar la división de la filosofía racional, confiesa que no quiere caer en una madeja de partes de las partes y divisiones de las divisiones. Zanja el asunto —un tanto al desgaire y con evidente hipérbole— en estos términos: «Si quisiera hacer más partes de las partes, esto terminaría en un libro sobre estas cuestiones» (89,17).

Es patente que, en el ordenamiento que hace de la filosofía, Séneca menciona solo de pasada la filosofía especulativa o contemplativa, como la llama él (cf. 95,10). Es una alusión a la πρώτη φυλοσοφία, en la terminología de Aristóteles.[34] El no haberse detenido en ella hay que atribuirlo al interés preponderante del obrar, de la ética, característica de la escuela estoica, como ya se ha anotado antes.

Por lo que hace a cómo aplicó Lucio Anneo esta clasificación de su obra, se puede afirmar que «su atención prioritaria se dirige a las cuestiones morales y antropológicas, y el resto de los temas los trata en tanto en cuanto tienen que ver con ellas.»[35] Que la filosofía moral sea la más cultivada lo confirman sus escritos. Ahí están los doce tratados o diálogos sobre virtudes morales o sobre variados aspectos relacionados con la existencia. También siguen esa línea —como lo señalaba la introducción a este ensayo— las ciento veinticuatro Cartas morales a Lucilio, si bien en un abanico de temas mucho más amplio que el de los tratados. Este epistolario recoge, así mismo, algunos de los temas de fondo de las tragedias y de los libros sobre la naturaleza —Cuestiones naturales—. Las nueve Tragedias desarrollan, efectivamente, una dinámica humano-teológica sobre el comportamiento: cómo obra el destino o la fortuna en las personas y cómo éstas tienen que conducirse ante ellos. Por otra parte, la filosofía natural ocupó a Séneca en su obra, dirigida también a Lucilio: Naturalium Quaestionum libri. En estos asuntos sobre la naturaleza y en otros libros de ciencias naturales que

---

[34]   Cf. ARISTÓTELES. Metafísica, E, 1,1026 a, 23-32.

[35]   LEÓN SANZ, I., Lucio Anneo Séneca. Ediciones del Orto, Madrid 1997, pg. 20.

no nos han llegado,[36] incluyó buena parte de su concepción de la teodicea, de la antropología y, por, supuesto, de la filosofía de la naturaleza.[37]

La filosofía racional tuvo poca cabida en las páginas del cordobés. Aludió brevemente a ella, pero sin disimular cierto desdén y hasta socarronería. Consideraba que, sobre todo la lógica, se perdía en artificios verbales (cf. 16,3; 20,2, 111).[38] La carta 111 va a desarrollar con amplitud los vericuetos mentales en los que con cierta frecuencia se embrollaban la lógica y la dialéctica. En el capítulo segundo de estas reflexiones sobre el epistolario se reservará un párrafo a este asunto.

Si ha mencionado ya la utilidad de dividir la filosofía en sus ramas conceptuales, comenta también el beneficio que representa la división de cara a la capacidad y músculo intelectual del alumno. Esta consideración es alentadora para el discípulo Lucilio o quien se dedique a los estudios filosóficos: al todo, que es la filosofía, se llega mejor por las partes o tratados particulares, que son los peldaños. «A través de las partes llegamos más fácilmente al conocimiento del todo» (89,1).

---

[36]   Además de las *Cuestiones naturales,* Séneca, espíritu inquieto e investigador, escribió *De piscium natura, De lapidum natura, De motu terrarum* (cf. GRIMAL, P., *Séneca.* Gredos, Barcelona, 2023, pgs. 81, 303-304).

[37]   Cf. BARRIO Gutiérrez, J., voz *Séneca,* en *Gran Enciclopedia Rialp.* Rialp, S.A., Madrid 1991, 6ª.

[38]   Por ejemplo, sobre las anfibologías de los términos de algunos silogismos y sus conclusiones jocosas: «Tú tienes lo que no has perdido; es así que no has perdido los cuernos, luego tienes cuernos» (cf., 45,8 y 49,8). Séneca se refiere aquí indirectamente a este aparente silogismo apuntado ya por Aulo Gelio (cf. GELIO, A., *Noches áticas,* XVII,2,9). O aquel otro de conclusión igualmente disparatada, en que se juega con el sustantivo monosilábico latino *mus* (ratón). Total: una sílaba que se convierte en ratón que roe el queso: «Mus syllaba est; mus autem caseum rodit; syllaba ergo caseum rodit» (48,6).

Capítulo II
Lo que no es la filosofía

Hasta ahora Lucio Anneo ha ido despejando su concepto de filosofía. Y va a clarificarlo más, poniendo como contraste lo que él no considera equivalente a la filosofía o, simplemente, lo que es terreno muy alejado de ella.

1. LA FILOSOFÍA NO ES IGUAL QUE LA SABIDURÍA

Por sorprendente que parezca, el filósofo de Córdoba no contempla la *filosofía* como sinónimo de *sabiduría*. La etimología de *filosofía* va a distanciarse inesperadamente de la σοφία, al menos como análisis estricto. El desconcierto es solo inicial. La misma carta 89, eje del último párrafo del capítulo precedente, nos saca de la momentánea aporía:

> «Primeramente te diré, si te parece, cuál es la diferencia entre sabiduría y filosofía. La sabiduría es el bien consumado de la mente humana; la filosofía es el amor y pasión por la filosofía. Es evidente por qué se la ha llamado filosofía: por ese mismo nombre confiesa qué es lo que ama» (89,4).

Si se desea una definición sintética de la sabiduría, leamos el siguiente pasaje:

> «Dejando a un lado las viejas definiciones de la sabiduría, y para abarcar la vida humana en toda su dimensión, me puedo

contentar con ésta: ¿qué es la sabiduría? Querer y no querer siempre lo mismo. Sin necesidad de añadir la pequeña reserva de que sea honesto lo que deseas, ya que a nadie le puede agradar siempre lo mismo, si no es honesto» (20,5).

En esa caracterización, Séneca es en realidad acreedor de Salustio.[39]

El filósofo explica luego por qué deja retratada la filosofía en esos términos: no es nada fácil saber establemente lo que se quiere. Pero desea ella poner en concordancia la inteligencia y la voluntad, no solo en un momento, sino mantenerlas integradas en el obrar, mientras se continúa, en el tiempo, elevándose hacia la altura.[40] La sabiduría es la cima; la filosofía o amor de la sabiduría marca, en cambio, la ascensión a tal cumbre. Y, como en toda subida, se tendrá más elevación y cercanía, o menor, según sea la intensidad del amor a la sabiduría. Igual que todo amor, el de la σοφία tiene grados. Más aún, el filósofo cabal se sabe y se tiene siempre por escalador de la cumbre de la sabiduría, consciente de que nunca la va a alcanzar del todo, pero recompensado en sus afanes cada vez que sube un peldaño hacia ella. Siempre de subida. El día que crea que ya está en posesión de la σοφία, no solo no la ha alcanzado, sino que deja de ser filósofo. La sabiduría es la cumbre a que aspira la filosofía. En resumidas cuentas, el filósofo hispanorromano «distingue entre la sabiduría, que es la plenitud de la perfección del alma humana, y la filosofía, que es el amor y la investigación de la sabiduría, es decir, el camino para conseguir la virtud.»[41]

---

[39] «Idem velle atque idem nolle ea demum firma amicitia est» (SALUSTIO, C., *Conjuración de Catilina*, 20). Sólo que Salustio, como se advierte, está hablando no de filosofía, sino de la amistad. Y lo que es todavía más sorprendente: el historiador pone esa frase en un contexto golpista y terrorista —diríamos hoy—: se la presta a Lucio Catilina. Él, cabecilla de una conjuración, luego fracasada, contra la república romana, arenga impetuosamente a sus correligionarios y trata de aglutinarlos, en la causa común subversiva, con el motivo de la amistad. Esa sentencia es digna, sin duda, de mejores labios y de causa no tan rastrera. Comoquiera, es en sí una de las mejores definiciones de la amistad. La pena es que el contexto de una conjuración no fuera la tierra más idónea para tal flor.

[40] «En efecto, los hombres no saben lo que quieren, sino en el preciso momento en que lo quieren. Para nadie el querer o el no querer está decidido absolutamente. Nuestra opinión cambia diariamente y se muda en la contraria; y la mayor parte de los hombres pasa la vida en este juego. Insiste, por tanto, en la obra comenzada» (20,6).

[41] LEÓN SANZ, I., o.c., pg.18.

Esa reflexión nos traslada espontáneamente, de la mano de Séneca, al ideario de Sócrates: él era un amante de la filosofía, aguijoneado por el afán de seguir y perseguir la sabiduría, pero sintiéndose siempre ignorante. El oráculo de Delfos había indicado, sin embargo, que Sócrates era el más sabio. Lejos de sentirse halagado, el hijo de Sofronisco se vio abrumado y confundido. Si él tenía conciencia de no ser sabio, ni poco ni mucho, le surgió la inquietud de buscar a quien verdaderamente fuera sabio. Y se dio a investigar, en una auténtica labor de campo, como decimos hoy. Entrevistó a políticos, poetas, artesanos..., con la idea de encontrar al verdaderamente sabio, y de este modo sacar falso el oráculo o rechazarlo. ¿Resultados de la encuesta? Los preguntados creían que sabían algo, pero no lo sabían; o sabían un poco de su arte y menester respectivo, pero se creían sabios aun ignorando lo demás. Sócrates, en cambio, no sabía y no creía saber. Movido por el dios, seguía en la tarea indagadora, aun con la enemistad de muchos y sumido en la pobreza.[42] También esta consideración senequista de nunca creerse señor de la sabiduría, sino en constante progreso hacia ella, despoja al filósofo cabal de todo brote de soberbia. Se trata de la obligada ascesis (ἄσκησις) o ejercicio propio de todo ascenso a las cumbres. Y en esa ascesis se da, simultáneamente, un despojamiento, saneamiento y purificación (κάθαρσις) de lo que es ajeno a la verdadera σοφία, como son el engreimiento y la vanagloria, aunque no hayan llegado a la abominable ὕβρις, imperdonable soberbia ante los dioses. Es entonces cuando el verdadero filósofo se va acercando a la cima que, por más que sea inalcanzable, satisface todo esfuerzo con su sola contemplación. De ahí la moraleja que saca para Lucilio: «Insiste en la obra comenzada, y tal vez te irás conduciendo o a la cima o a una altura que solo tú sabes que no es todavía la cumbre» (20,6).

No obstante esa diferencia que el filósofo se esfuerza en trazar entre sabiduría y filosofía, es fácil encontrar en muchas de sus páginas un uso indiferenciado de ambos términos, como si fueran en la práctica sinónimos.

---

[42]   Cf. PLATÓN, *Apologia de Sócrates*, 21a – 23c.

2. LA FILOSOFÍA NO ES FILOLOGÍA

Llama aún más la atención encontrar en las *Cartas* la antítesis que enuncia el título de este párrafo. Y no se trata de sorprender a Lucilio con este recurso de la paronomasia. Mucho más allá de eso, hay una percepción de abundante riqueza de cara a dilucidar lo que es la filosofía para Séneca y dejar de lado lo que la puede entorpecer.

A) Culpa de los maestros y de los centros de formación académica

¿Por qué la *filología* puede ser un lastre en la ascensión hacia la *filosofía?* La filosofía, como las otras disciplinas del espíritu y de las artes, siempre tiene alumnos intrépidos que buscan lo mejor en todo —«optima quaeque» (108,23)—: eso que hoy se ha dado en llamar la excelencia. Y es laudable gozar de tales impulsos iniciales o primi impetus. El obstáculo se encuentra inicialmente más en los maestros que en los discípulos. Hay preceptores que se enredan en discusiones académicas y no enseñan a vivir: «Docent disputare, non vivere» (108,23). De nuevo el autor de las *Cartas* subraya la dimensión práctica del saber. De ahí que subraye: «Por eso, la que fue filosofía quedó convertida en filología» (108,23).

Como ejemplo ilustrador de tales desvíos, aduce el análisis filosófico y humanístico de una de las sentencias más conocidas de Virgilio, sobre el paso fugaz del tiempo: «Fugit irreparabile tempus.»[43] La meditación que de ella emprende el filósofo es claramente distinta de la que asume el gramático.

El filósofo considera el paso veloz del tiempo, la imposibilidad de rebobinarlo a fin de reeditar nuestra pasada actuación afianzándola en el bien y en el sentido pleno de la vida...[44] El tiempo casi

---

[43] Virgilio, P. M., *Geórgicas*, III,66.

[44] Sobre el debido uso del tiempo, además de la carta 108, hay otras en el epistolario senequista. El mismo frontispicio del libro o carta inicial empieza con este tema. También la carta 117. Acerca del tiempo pasado, cf.: las cartas 49, 97 y 99. Sobre el futuro y la actitud ante él: cf. 74.

inadvertidamente nos empuja, pero él mismo parece empujado. Debemos estar alerta y en vigilia para que no nos llegue por sorpresa la vejez, cargada de enfermedades. Virgilio suele hermanar las enfermedades y la vejez.[45] Y el de Córdoba deja el epifonema de síntesis: «Así pues, la vejez es una enfermedad sin cura» (108,28). Así el filósofo ve implicada en ese verso de Virgilio toda la existencia humana. Cada día debe ser el mejor; y se tiene que ocupar bien lo que fluye, como es el tiempo: «Cada primer día debe agradarnos como el mejor de todos y debe orientarse para nuestro provecho. Hay que aprovechar lo que escapa» (cf. 108,26-27). El *gramático,* por el contrario, se detiene en otras consideraciones sobre el uso y selección de los verbos y vocablos y el número de apariciones de una palabra en un contexto: «... cuantas veces habla Virgilio de la velocidad del tiempo, usa el verbo huye» (108,24). Esto es, no coge el rábano y se queda con las hojas: no llega al meollo de la caducidad de la existencia, y se da por satisfecho con análisis y recuentos formales, tal vez interesantes, pero que terminan por quedarse en la superficie.

Aduce otro ejemplo y lo analiza detalladamente: cómo estudian el tratado *De Republica* de Cicerón un filólogo y un filósofo (cf. 108, 30-35). La enseñanza es clara: cada uno se atiene a su perspectiva. Nuestro escritor ilustra la lección con un ejemplo pintoresco de la naturaleza: en el mismo bosque, el buey busca la hierba; el perro, la liebre; y la cigüeña, la lagartija (cf. 108,29).

B) RESPONSABILIDAD TAMBIÉN DE LOS ALUMNOS

Si la reducción de la filosofía a filología es achacable a los maestros, tampoco quedan sin culpa los alumnos. Estos, quizá como respuesta a las exigencias reductivas de los profesores de lengua y de literatura —como decimos hoy—, acuden a las clases con pocos deseos de cultura integral: «con el propósito no de cultivar sus espíritus, sino sus inteligencias» (108,23). Esto es: se quedan en el mero *aprender;* no llegan al *saber.* Los discípulos terminan así contentos y satisfechos con los análisis de la forma, los tropos y las figuras, sin exigir a los

---

[45] Cf. VIRGILIO, P. M., Ib., VI,274.

maestros la profundización filosófica y humanística de los textos. Lo
más lamentable es que no salen con una lección de vida. Educación
parcial y reductora, tanto en los que imparten la enseñanza como en
los que la reciben. La seca *instructio* o acumulación de datos tiene
que dar el paso a la *institutio* o asimilación personal y vital.

Lo peor es que de esos discípulos saldrán, con el tiempo, los nuevos profesores y los personajes de relieve de la vida pública. Más
sencillamente: los que están hoy en los bancos de las aulas escuchando a los docentes serán a su vez, dentro de unos años, los educadores
de sus propios hijos y de la generación de éstos. Se puede cerrar un
círculo posiblemente vicioso.[46]

Todo parece indicar que este mismo escollo que censura el estoico cordobés
está muy presente también hoy en las aulas y es siempre un riesgo de la enseñanza: caer en el inconveniente de enseñar para aprender datos —llenarse de
información, que se dice ahora—, y no tanto o no siempre llegar a iluminar
con esa enseñanza la propia vida en la adecuada *formación*; esto es, quedarse
en la *instructio*, sin llegar convenientemente a la *institutio*.

Leamos como solución la advertencia que el sabio cordobés
ofrece a Lucilio: hay que acudir a los filósofos y aprovechar sus
enseñanzas y sus sentencias para aplicarlas y lograr así la felicidad:

> «Doy este aviso: debemos oír y leer a los filósofos para el pro-
> pósito de una vida feliz, no para tomar palabras antiguas o
> fingidas, ni metáforas complicadas y figuras de dicción, sino
> que tenemos que aprovechar magníficas y valiosas sentencias
> que luego se lleven a la práctica» (108,35).

---

[46] Bellincioni lo analiza bien: «Son serias las culpas de los maestros, que tienen la tarea
de usar un instrumento tan delicado y precioso como es la palabra. Pero no menos culpa-
bles son a veces los discípulos, que se hacen responsables de la misma e indebida escisión
que llevan a cabo los maestros: también los alumnos acuden a clase para seguir palabras
vacías, no para cultivar el espíritu. Aun para ser buenos discípulos hay que tener una
buena disposición del espíritu [...]. No se puede ser siempre discípulo. La condición del
discípulo conlleva que se logre una maduración y se desvincule luego de la autoridad del
maestro» (BELLINCIONI Maria, *Educazione alla sapienza in Seneca*. Paideia, Brescia
1978, pg.78. Traducción personal).

C) EL NECESARIO EQUILIBRIO EN LOS CENTROS
   ACADÉMICOS

¿Cuál será el término medio o el gran punto de encuentro entre el verdadero filósofo que no cae en la que Séneca tiene por filología y el alumno
interesado solo en el amor a la sabiduría? El maestro de Lucilio se va a
remontar a su propio maestro estoico Átalo, para ofrecer un consejo
equilibrado sumamente provechoso para los filósofos y sus discípulos.
Sirve, por supuesto, a todos los maestros y alumnos, cualesquiera que
sean las disciplinas; es este: la familiaridad, e incluso el simple contacto
con el filósofo, lo es también con la filosofía; y de ese trato, aun momen-
táneo, no pueden venir sino provechos para el espíritu:

> «El mismo propósito —dice [Átalo]— deben tener el maestro y el
> discípulo: aquél, querer ser de provecho; éste, querer avanzar. El que
> acude a la escuela de un filósofo es necesario que todos los días obtenga
> algún provecho: que regrese a casa o más sano —*sanior*— o en mejor
> condición de sanar —*sanabilior*—. Y va a volver así, sin duda: tal es la
> fuerza de la filosofía, que no sólo ayuda a los que se dedican a ella, sino
> también a los que con ella se van familiarizando» (108,3-4).

El fragmento nos deja la mente dando vueltas a este epifonema
conclusivo: la fuerza de irradiación de la filosofía. También Lucio
Anneo parece haberse quedado rumiando esa misma frase. Y lo va a
ilustrar con sus palabras, no ya ceñido al pensamiento de su maestro Átalo. En su propia explicación echa mano de dos hermosas
comparaciones: el que se expone al sol termina bronceado, quiéralo
o no; los que han estado en una perfumería quedan impregnados
de su buen olor (cf. 108,4). Y ahora el filósofo tiende el puente de
comparación hacia la filosofía:

> «...los que acuden al filósofo tienen que llevarse algo que
> aproveche incluso a los negligentes. Fíjate en lo que digo: a los
> negligentes, no a los que se oponen» (108,4).

La filosofía es sol y perfume. Ella y su servidor, el filósofo, asumen
la tarea de dar buen *color* y *olor* al discípulo o a todo aquel que a
ellos se arrime con buen propósito.

Ese común objetivo del maestro y del alumno que buscan lo mejor de la filosofía logrará el equilibrio enseñanza-aprendizaje en los centros académicos, se centrará en formar el espíritu y evitará la desviación hacia cuestiones marginales o incluso hacia devaneos mentales inútiles para la vida.

3. LA FILOSOFÍA NO ES SOFISTERÍA

Tampoco ayudan a escalar la montaña de la sabiduría los artificios retóricos y lógicos. La palabra griega para designarlos es σοφίσματα. Y los latinos solían adoptarla tal cual en plural. El autor del epistolario, sin embargo, empieza la carta 111 resolviendo a Lucilio una cuestión filológica, si bien es verdad que poco antes ha hecho la distinción mencionada entre filosofía y filología. Pero no viene mal aclarar los términos. Emplea él, en lugar de σοφίσματα, la traducción latina de *cavillationes,* que había usado ya Cicerón[47] (cf. 111,1).

Dejando de lado el asunto terminológico, lo más importante es señalar que el filósofo, y todavía más la sabiduría, son cumbres admirables y excelsas, cuya altura real no se percibe de lejos, sino mientras se va ya ascendiendo (cf. 111,3). El filósofo auténtico no está en esas sublimidades a base de argucias o sofismas, sino por la elevación de su pensamiento y la grandeza de su vida frente a la fortuna y las vicisitudes humanas. Está hecho para las cosas elevadas, pero reales, no para las artificiosas y vanas:

---

[47] Según Forcellini, *cavillatio* es «subtilis et inanis quaestio, vel ad rem inaniter ducendam, vel ad fallendum instituta» [cuestión sutil y vana para desarrollar vacíamente un asunto o planteada para inducir al error] (FORCELLINI, E., *Lexicon Totius Latinitatis, Padua,* 1926, 4ª; voz *cavillatio*). Y, citando precisamente la carta 111 de Séneca, señala que fue efectivamente Cicerón quien tradujo así el vocablo plural griego, solo que no se conservan los libros del orador en que hablaba de esos asuntos. Roca Meliá comenta atinadamente: «Como ya lo hiciera en la Ep. 58, Séneca muestra su condición de filólogo, gran conocedor de la lengua latina, precisando el concepto griego de *sóphisma.* Le parece apto el empleado por Cicerón: *cavillatio,* que puede traducirse por "sutil cuestioncilla", entendiendo por tal que no aprovecha para la buena conducta, sino que cautiva y fascina el alma engañosamente» (ROCA MELIÁ I., *Epístolas Morales a Lucilio.* II vol., Gredos, Madrid 2010, pg.325).

«Tal es, Lucilio querido, el filósofo verdadero: cabal en las cosas reales, no en las artificiosas. Está de pie en una altura: admirable él, excelente, de auténtica grandeza» (cf. *ib.*).

Detenerse en sutilezas argumentativas o retóricas es buscarse un falso apoyo en lo que aparenta ser filosofía o sabiduría. Y nuestro imaginativo andaluz acude a una comparación gráfica: echar mano de tales intrincados recursos es como elevarse sobre la planta de los pies o caminar sobre la punta los dedos para aparentar ser más alto (cf. *ib.*).

Las *cavillationes* son enredos en los que se enzarza y juguetea el espíritu. Y no puede ampararse uno en ellos, porque no ofrecen estabilidad, ni cuando se avanza con derrotero estable ni cuando hay adversidades y dificultades de la vida. Tras la alusión a la metáfora de la navegación, que puede discurrir por agradable curso o por derrotas complicadas, la conclusión sobre estas *cavillationes* es nítida: «El espíritu juguetea con estos embrollos, pero no adelanta» (111,4). Son bagatelas, pasatiempos, sin adelantamiento ni provecho moral para el espíritu. Ahora bien, como tales entretenimientos, Séneca —con algo de sorna— concede a Lucilio el permiso de darse a ellos para matar el tiempo, como excepción momentánea: «Tampoco te voy a prohibir que te entregues a ellos alguna vez, pero que sea cuando quieres no hacer nada» (111,5). Comoquiera, siempre hay que reconocer su malicia cautivadora so capa de dulzura: «Presentan un cierto encanto y cautivan el espíritu por su falaz agudeza» (111,5). La gravedad reside en que se pierde o se pasa el tiempo de la vida con esos revoltijos intrascendentes, cuando hay en ella tantos asuntos importantes que resolver. Desde luego, confundir o tener por filosofía esas argucias es hacerla desplomar a tierra desde la alta cumbre, que es su hábitat propio y, por ende, el del filósofo. Abrupta caída provocada por ese espíritu ligero: «A la filosofía la rebaja desde la cumbre hasta el suelo» (111,4). Y es que tanto la vida como la filosofía misma del vivir son demasiado serias como para perderlas en fruslerías de ese jaez:

«Toda una vida apenas es bastante para que aprendas esta única lección: menospreciar la vida. "Y ¿qué hay de gobernarla?"

45

—preguntas—. Esta labor viene después, porque nadie la ha gobernado bien, sino el que la ha menospreciado»[48] (111,5).

Menospreciar o, literalmente en el texto, *despreciar* la vida —«vitam contemnere»— es no dedicar tiempo vital a ligerezas mentales como las apuntadas, y abstenerse de otras zarandajas y superfluidades que a muchos pueden encandilar y reducirles significativamente el tiempo de su breve vida. Comprendemos mejor ahora lo anotado en el capítulo primero: por qué Lucio Anneo no cultivó, o lo hizo en pequeña escala, la filosofía especulativa, sobre todo la lógica. Temía perder el tiempo en sutilezas verbales y en razonamientos tan intrincados como inútiles. Puede decirse que, al mirar a su entorno, tenía cierta razón: constataba que no pocos pensadores de su tiempo —él no les daría el noble título de filósofos— hubieran hecho bien en no darse a malabarismos mentales, a ese ejercicio baldío que aparecía arriba con el título de *sofistería*. ¡Cuántos deberían haber tenido en cuenta esos consejos del filósofo cordobés para no caer en la trampa de semejantes razonamientos laberínticos y abstrusos, por ejemplo, en la escolástica decadente! Pero también a la filosofía contemporánea le sentaría bien la directriz senequista, pues se ha venido a parar más de una vez en esos señuelos, como lo han patentizado algunas corrientes de la filosofía del lenguaje y de la analítica.

Un asunto importante de cara a la filosofía es el de las llamadas *artes liberales*. Séneca va a cotejarlas con ella para analizar en qué la ayudan y en qué la perjudican. Ese será el objetivo del capítulo tercero de este trabajo.

4. LA FILOSOFÍA NO ES VENAL

Si los vicios reseñados, como la soberbia de creerse sabio o el caer en el filologismo, causan males a la filosofía, es todavía peor que ellos el afán de lucro. Los que lo fomentan prestan el peor servicio a la sociedad (cf. 108,36). Si algo enseña la filosofía y el deseo de la sabiduría, particularmente en la escuela estoica, es el vivir con desarraigo de las

---

[48] «... nemo illam bene rexit nisi qui contempserat». Áspero e inesperado este pensamiento de nuestro estoico.

cosas y no sentirse turbado o afectado por ellas, pues son extrínsecas y, así como vienen, pueden escaparse de las manos.[49] El sabio —*sapiens*— no ama las riquezas, aunque se tenga que servir de ellas. Se considera indigno de las riquezas que le depara la fortuna. El texto que sigue es enérgico con los que buscan interés económico a costa de la filosofía:

> «Pienso que, de todos los mortales, los que peor se comportan son los que aprendieron la filosofía como un recurso venal» (*ib.*).

Los que la aprendieron –«didicerunt» así y los que la enseñan por interés lucrativo. A la luz de la mente y disciplina estoicas es particularmente claro ese veredicto. El sabio estoico quiere seguir ascendiendo la cuesta arriba de la sabiduría. Exigir pago por sus clases, o ayudas pecuniarias, es anularse como sabio.

Hacerse pagar —insinúa el filósofo de Córdoba— es dejar el amor a la filosofía, que Sócrates se esforzaba en vivir y difundir, para ceder a la práctica interesada de los sofistas.[50]

---

[49] «Es resbaladiza e incierta la posesión de todos los bienes que proceden del exterior» (SÉNECA, L.A., *De constantia*, 7).

[50] La palabra *sofista* (σοφιστής) tuvo en sus orígenes un significado positivo: sabio, adornado de *sabiduría* (σοφία). Pero los excesivos artificios que dañaban a la verdad, su tendencia al relativismo y las malas prácticas, sobre todo venales, de algunos de esos profesores de la sabiduría dejaron algo lastrado el término, particularmente cuando esos defectos apuntados quedaron más a la intemperie con la enseñanza desinteresada y el auténtico amor a la sabiduría y a la verdad que mostraba Sócrates, y luego Platón y Aristóteles. Sócrates presentaba ante los jueces su pobreza como aval de que su magisterio había sido solo en servicio de la verdad, nunca en interés personal. Platón recoge las siguientes frases de su maestro en el juicio: «Si de mi actividad sacara provecho, o cobrara una retribución cuando os hacía estas recomendaciones, tendría alguna justificación. Pero ahora vosotros mismos veis que los acusadores, aun denunciando otras incriminaciones de modo tan desvergonzado, no han sido capaces de tener la desfachatez de presentar un testigo de que yo alguna vez cobrara o pidiera paga a alguien. Yo presento, así lo creo, un testigo suficiente de que digo la verdad: mi pobreza» (PLATÓN, *Apología de Sócrates*, 31b-c). Comoquiera, en la actualidad, de modo especial tras las reflexiones de W. Jaeger, se considera que el movimiento sofista tuvo también importantes aportaciones en la historia de la filosofía, sobre todo al poner de realce el papel del hombre dentro del universo. Por eso ya no es justificable quedarse solo con la visión que de los sofistas nos transmitieron Platón y Aristóteles. Cf. REALE G.- ANTISERI D., *Historia del pensamiento filosófico y científico*. Tomo 1. Herder, Barcelona 1988, pg.75. En cuanto a la percepción de honorarios, hay que pensar que los sofistas habían hecho de la enseñanza su oficio, no solo su afición. Es por eso comprensible que tuvieran que vivir de él (Cf. ID. Ib., pg.77).

5. LA COHERENCIA DE VIDA DEL FILÓSOFO

A) La autenticidad, postulado irrenunciable

La incoherencia de vida es otro modo de dañar la filosofía. El filósofo debe vivir lo que enseña. El viejo instructor de Nerón censura de
igual modo al profesor que da lecciones de filosofía por puro afán de
lucro que al que no refrenda con su vida las enseñanzas que imparte.
Los mide con el mismo rasero, pues con frecuencia el perseguir una
retribución y la incoherencia van aparejados en el actuar de esos falsos
o abusivos filósofos. De ahí que el juicio que acaba de lanzar sobre los
filósofos «peseteros» —valga el anacronismo— lo complete al instante
censurando también a los de vida incoherente: «... los que aprendieron
la filosofía como un recurso venal y los que viven de manera distinta
de como mandan que se debe vivir» (108,36). Como se ve, incluye la
incoherencia de vida como aparejada también, al menos frecuentemente, a los maestros movidos solo por el dinero. El verdadero preceptor
de filosofía debe ser el primer discípulo de sí mismo y de su propia
enseñanza. Debe estar simultáneamente en la cátedra del maestro y
en el pupitre del primer alumno, siendo, por cierto, el discípulo más
aplicado. Sin ese desdoblamiento y trasvase de la enseñanza a la vida se
anula prácticamente su magisterio. Cuando esos filósofos enseñan una
cosa y viven otra —«aliter vivunt quam vivendum esse praecipiunt»
(ib)—, ellos mismos se convierten en enemigos, antiejemplos y destruc-
tores de su propia doctrina: «Pasean a su alrededor los ejemplos de una
enseñanza inútil, sometidos a todos los vicios que combaten» *(ib.)*.

La enseñanza, las palabras —*verba*— y la propia conducta, las
obras —*opera*— deben ir al mismo paso vital: «Este es el gran deber
y prueba de sabiduría: que las obras concuerden con las palabras»
(20,2).[51] Es verdad que esta lección a Lucilio aparece en un contexto

---

[51] *«Verbis opera concordent»*. Esta concordancia o coherencia vital la pide de nuevo, con formulación parecida, en la carta 75,4: «Sea esta la síntesis de nuestro propósito: digamos lo que
sentimos, sintamos lo que decimos; que nuestra conversación concuerde con la vida». *Concor-
det sermo cum vita*: un lema existencial de vida auténtica. También en esta carta el escenario es
redaccional: el escritor encabeza la misiva plasmando una queja de Lucilio: «Te quejas de que
te mando cartas menos cuidadas» (75,1). Séneca se defiende. Le va a responder que preferiría
expresar en el papel sus sentimientos antes que sus palabras. Por lo tanto, habla o escribe a
su amigo con el corazón en la mano. Estilo sincero, cordial, espontáneo el suyo. Si Lucilio lo

sobre el estilo retórico-literario. En efecto, el párrafo segundo de la carta 20 es una censura a los declamadores de medio pelo, o raídos del todo, que solo buscan en sus actuaciones la admiración y el aplauso. La filosofía, a diferencia de la retórica, alberga otro propósito: enseñar a obrar, no a hablar —«facere docet philosophia, non dicere.»[52]

Los maestros que en sus personas separan filosofía y vida, enseñanza y conducta, no pueden ser guías en quienes depositar la propia confianza y, sobre todo, la propia vida. El escritor echa mano de una metáfora ilustradora y clarificadora tomada, otra vez, del mundo marinero: la del timonel en momentos de zozobra y tempestad. Un preceptor inauténtico ayuda en la vida tan poco como un piloto que, en singladura de tempestad, se aterroriza, se marea y se deshace en vómitos. Y resulta que la vida es más agitada que la mar (cf. 108,37). Concluye el filósofo con tono imperativo: «No se trata de hablar, sino de gobernar el timón» (*ib.*).

Lo importante es la autenticidad de vida de estos maestros. Así no se quedarán en repetidores de un manojo de conclusiones o sentencias de otros filósofos y pensadores: Platón, Zenón, Crisipo, Posidonio,[53] por más grandes que hayan sido en su doctrina (cf. 108,38). Los maestros venales, a los que está censurando el de Córdoba, se reducen a eso: a reproducir las lecciones de los grandes autores del pasado. Y no es que no se deba recoger lo positivo de la tradición filosófica griega, pero limitarse a esa tarea es repetir y no es vivir. Para demostrar la coherencia y autenticidad del filósofo cabal, que no separa la enseñanza y la existencia, la clave es sencilla: el imperativo de los hechos, no de las palabras: «Que hagan lo que dicen» (108,38)—. Solo así se comprobará que han asimilado como propias esas doctrinas de filósofos pasados.

---

esperaba compuesto y alfeñicado, tendrá que acudir a otros literatos. De esa referencia inicial al estilo, sobrevuela al principio vital: tiene que darse un ajuste perfecto entre vida y palabras.

[52] El pensamiento de Séneca queda redondeado así en este texto: «La filosofía enseña a obrar, no a hablar; y exige este requisito: que cada uno viva de acuerdo con la ley de ella; de modo que la vida no disienta de las palabras, ni ella en sí misma, y que uno solo sea el color de todas las obras» (20,2).

[53] Llama la atención que Séneca no incluya en esa breve lista a algún filósofo o pensador latino.

Con esos trazos, el filósofo hispanorromano está haciendo ver que la filosofía y su enseñanza no son como otra ciencia y su explicación —¿qué sé yo?: la geografía, la astronomía, las matemáticas—, que no exigen una determinada conducta en el obrar. La filosofía, en cambio, como lucha por conquistar la anhelada *sabiduría,* incluye y abraza no solo la enseñanza, sino la conducta del propio maestro, que será la que respalde y resguarde sus doctrinas, si es que quiere ser también maestro de vida.

b)   Séneca, ¿filósofo coherente en su vida?

Una cuestión un tanto vidriosa es la de si Séneca fue coherente en su existencia con lo que enseñaba. ¿Fue cabal y auténtico consigo mismo?

Acaba él de poner en evidencia (cf. 108,6) el mal servicio que hacen a la filosofía los filósofos venales o incoherentes: mandan vivir de una forma, pero viven de otra diferente.

«Viven de manera distinta a como mandan que se debe vivir» (108,36). Sentencia que llama al autoanálisis a cualquier maestro. Lo que inquieta es que esa misma daga se la lanzó a nuestro estoico un acusador: «*Aliter loqueris, aliter vivis:* hablas una cosa y vives otra». Séneca mismo la recogió como anónima en el tratado *Sobre la felicidad.*[54] En la vida real el acusador se llamaba Publio Suilio, y restregaba al filósofo moralista con su propia enseñanza en lo tocante a su vida privada: «"¿Por qué hablas tú con más fuerza de la que vives?"»[55] Parece, en efecto, que el cortesano de palacio supo sacar partido y beneficio personales de la cercanía de Nerón y de la confianza que éste le otorgó en la corte durante los primeros años de su mandato; por lo que su régimen de vida no era tan austero como predicaba su doctrina estoica. Séneca se defiende y saca pecho. Reconoce que no es perfecto y que se va aplicando poco a poco la medicina, hasta la que viene con las invectivas.[56] Pero también contraataca ad hominem: el acusador puede ver los granos ajenos sin reparar en que

---

54   Séneca, L.A. *De vita beata,* 18,1.

55   *Ib.* 17,1.

56   Cf. *Ib.* 17,4.

todo él está cubierto de llagas.[57] Y trata de salir del cieno amparándose en otros filósofos, como Platón, Epicuro y Zenón que, según comenta, estaban en las mismas y recibían idénticas críticas de parte de mentes malévolas:

> «Este mismo reproche, oh mentes llenas de maldad y enemigas de los varones más ejemplares, ya se le lanzó a Platón, a Epicuro y a Zenón. Todos estos decían no de qué modo vivían ellos, sino de qué modo deberían vivir también ellos.»[58]

Séneca los ha sacado unos instantes de las páginas de la filosofía y los ha obligado a echarle un capote de rescate y defensa. Estos filósofos tan celebrados señalaban la meta de la elevación moral —tal como hace él—, pero no se proponían a sí mismos como modelos. Demasiado hacían —se justifica a su sombra— con mostrar los altos ideales de la virtud, aunque ellos estuvieran también lejanos de los mismos.[59] Igual que Séneca. El hispanorromano estoico concluye la personal apología en estos términos:

> «Hablo de la virtud, no de mí; y cuando armo escándalo contra los vicios, lo hago ante todo contra los míos. Cuando pueda, viviré como conviene.»[60]

¿Mera disculpa?, ¿profunda exculpación?, ¿algún deseo de reparar la culpa con un buen propósito? Difícil encrucijada. Séneca

---

[57] Cf. *Ib.* 27,4 y 27,6. En lenguaje evangélico (cf. Jn 8,7) equivale a afirmar que nadie puede lanzar la primera piedra al que parece más reprochable, porque todos estamos con las mismas o parecidas lacras que censuramos en los otros. Y lo primero que hay que ver es la viga del propio ojo, antes que la mota, o incluso la trabe, del ajeno (cf. *Mt* 7,4).

[58] *Ib.* 18,1.

[59] Cf. *Ib.* 22,2.

[60] *Ib.* 18,1. Estamos una vez más ante la humana realidad que el poeta Ovidio expresó como nadie por boca de Medea: «Si pudiera, sería más juiciosa, pero me arrastra –mal que me pese– un nuevo impulso; una cosa me pide el deseo; otra, la mente. Veo lo que es mejor, y lo apruebo, pero sigo lo peor: *Si possem, sanior essem!,/ sed trahit invitam nova vis, aliudque cupido,/ mens aliud suadet: video meliora proboque/ deteriora sequor*» (OVIDIO, P., *Metamorfosis,* VII,18-21). Hasta las personas más auténticas han experimentado de algún modo ese doble tirón desgarrador en direcciones contrarias. La exclamación de Pablo de Tarso: «No hago eso que quiero, sino lo que detesto: *Non enim quod volo, hoc hago, sed quod odi, illud facio*» (Rm 7,15) parece apuntar en esa misma dirección de la debilidad humana.

tendrá siempre admiradores indulgentes y detractores convencidos. Desde luego, hubiera sido mejor en él, sin dudarlo, el ejemplo de una vida coherente, o *constans sibi* como pedían los idearios estoicos,[61] que corroborara las nobles enseñanzas de sus escritos.

Él mismo había pedido:

> «Sea ésta la cima de nuestro propósito: hablar lo que sentimos, sentir lo que hablamos. Que las palabras sean coherentes con la vida» (75,4).

La enseñanza debe concordar con la vida, sí; pero solo si ésta es genuina y auténtica. Por eso antes la vida debe ser cabal. Palabras y vida, vida y palabras: tanto monta, monta tanto.

¡Qué pena que esas ansias y nobles propósitos de autenticidad y coherencia que abandera nuestro afamado estoico no se vieran debidamente plasmados en su vida!

---

[61] Séneca ha pasado así a la historia como el filósofo estoico de claros principios, muchos de ellos asumibles y hasta asumidos por el cristianismo. En la Edad Media su estima se agigantó. Se debió posiblemente a la supuesta correspondencia epistolar entre san Pablo y él –ocho cartas de Séneca a Pablo; seis de Pablo a Séneca–. Estas cartas eran el único motivo por el que san Jerónimo se atrevía a poner al filósofo en el catálogo de los santos: «No lo pondría en el catálogo de los santos, si no me persuadieran a ello las famosas cartas de Pablo a Séneca y viceversa, que muchos leen» (SAN JERÓNIMO, Sobre los varones ilustres, 406). Diderot comenta irónicamente que esta inclusión la hace san Jerónimo, «que no era el más tolerante de los padres de la Iglesia, precisamente» (DIDEROT, D., o.c., 67, pg. 152). Tal epistolario hoy se considera espurio o muy discutible. Sobre el influjo del estoicismo en el cristianismo baste recordar que el cuerpo ascético cristiano de las virtudes cardinales comparte una base común con las virtudes estoicas. Por otro lado, Séneca queda también en la historia como el filósofo que, si en los «principios» fue nítido y clarividente, no supo concluir auténticamente esos ideales en la práctica. Así que en sus «finales» adoleció de falta de coherencia. San Agustín recogía certeramente esa doble vida –si cabe llamarla así– del más famoso de los estoicos latinos: «Él, a quien la filosofía había hecho en cierto modo libre, como era un ilustre senador del pueblo romano, veneraba lo que reprendía, practicaba lo que refutaba, adoraba lo que hallaba culpable» (AGUSTÍN, San, La ciudad de Dios, VI,10,3).

Capítulo III
La filosofía y las artes liberales

Platón y Aristóteles fueron los primeros en tener muy presentes las artes liberales como diferentes de las artes prácticas. En la Edad Media se enmarcaron definitivamente en los llamados *trivium* y *quadrivium*. Era un modo de estructurar el saber en currículos académicos, como hoy decimos. Con diversos nombres, como letras y ciencias, estudios clásicos o científicos, esos esquemas siguen vigentes hoy en la educación del niño y del joven.

La educación romana[62] contemplaba tres estadios: las primeras letras —prima litteratura, como las llama el autor de las Cartas (cf. 88,20)—. De los siete a los doce años, aproximadamente, el *litterator* o *ludi magister*[63] enseñaba los rudimentos de la lengua y la lectoescritura, junto con la aritmética. Concluida la primaria —como la designamos actualmente—, el adolescente pasaba a la etapa de la *grammatica* —desde los trece a los dieciséis—. En esta fase de la secundaria entraba en conocimiento de los grandes literatos griegos y latinos más destacados, sobre todo los poetas; y los aprendía con todo su contexto mitológico, geográfico, histórico y cultural. En tercer lugar, el bachillerato de hoy era para los jóvenes

---

[62] Cf. LAURAND, L., *Manual de los estudios griegos y latinos,* IV. Daniel Jorro, Editor, Madrid 1924, pgs. 506-510.

[63] Los latinos se adelantaban ya a algunas de las actuales escuelas pedagógicas que conciben la educación infantil de modo atractivo y participativo, como si de un juego *(ludus)* se tratase. Ahora bien, también el castigo, incluso severo, tenía su función pedagógica (cf. LAURAND, L., ib.).

romanos uno o dos años de *rhetorica*. Se ejercitaban allí con el *rhetor* en el excelente arte de la elocuencia: elaboración sistemática y ejercicio o práctica de los discursos —*inventio, dispositio, elocutio, actio*—, con el análisis e imitación de los grandes modelos de oradores de Grecia y de Roma. Conviene reseñar que en el currículo romano no solían figurar disciplinas como la pintura o la música. La *geometría* que se estudiaba se completaba ya en la práctica con la agrimensura.

Terminados los tres ciclos, quienes tenían interés y querían destacar en determinadas profesiones u oficios seguían su formación, sobre todo en la filosofía, en el derecho o en la misma retórica. Para esta fase superior, algunos preferían trasladarse a Grecia, madre cultural de Roma.

Con estas líneas preliminares es más fácil detenerse ahora en la consideración que plantea Séneca acerca de las artes liberales. El enfoque y trato que les va a dispensar se relacionan y, en buen grado, dependen del concepto y finalidad que el filósofo ha delineado sobre la filosofía. Va a sorprender que para el cordobés haya algunos roces y desavenencias entre las artes liberales y la filosofía. Él explicará a Lucilio los porqués. La carta 88 es la que más desarrolla este asunto.

1. EL NOMBRE DE *LIBERALIA STUDIA* Y SU ELOGIO

En la búsqueda de la definición, aparece de nuevo el filólogo, que responde a su interlocutor:

> «Ya ves por qué se llaman estudios liberales: porque son dignos del hombre libre» (88,2).

La etimología explica y engrandece de por sí estos estudios: están en pro del hombre libre y para fomentar y potenciar sus dotes racionales, que constituyen la grandeza de su libertad; solo en la libertad se pueden ejercitar debidamente. La caracterización de los *studia liberalia* o artes liberales que traza Lucio Anneo y, con él, la tradición anterior y posterior, no alude tanto al hombre libre en oposición al siervo, cuanto a la libertad de espíritu o, simplemente, a la liberalidad.[64]

Precisamente él elogia estas disciplinas, porque cuidan y desarrollan la virtud —«a cuyo cuidado está la virtud» (88,23). Como era de esperar, encomio superior aún a los estudios liberales merece la filosofía o *studium sapientiae*. Éste es el estudio liberal por excelencia, a cuyo lado flaquean los demás intentos de liberalidad de las otras ciencias:

> «Por lo demás, el único estudio verdaderamente liberal es el que hace libre; este es el de la sabiduría. Sublime, fuerte, magnánimo. Los demás son insignificantes y pueriles» (88,2).

Sublime, forte, magnanimum: queda retumbando en el ánimo esa tríada de adjetivos que ensalzan a la filosofía. Las demás disciplinas son *pueriles,* tanto en el sentido de poco importantes, como en el que recoge más adelante (cf. 88,23): son asignaturas o tareas de la infancia[65] y primera juventud. Parecidas, eso sí, a las artes liberales.[66]

---

[64] Conviene tal vez rescatar aquí el sentido que nuestros clásicos españoles daban al adjetivo *liberal* y al sustantivo *liberalidad:* magnanimidad, generosidad, anchura de miras, bondad. Por eso, la espiritualidad cristiana no dudaba en afirmar que el ser más liberal es Dios. Desde luego, el significado de estos términos suele ser hoy muy diferente, pues desde el siglo XIX se los han apropiado casi como exclusivos determinadas corrientes políticas, económicas o ideológicas.

[65] La *pueritia* era la segunda etapa de la vida, posterior a la *infantia.* Empezaba a los siete u ocho años y se prolongaba hasta los 14 o 15 (cf. FORCELLINI, E., o.c., voz *aetas).*

[66] Séneca deja constancia de que a esas artes primeras los griegos las llaman «encíclicas»: «Pueriles sunt et aliquid habentes liberalibus simile hae artes quas ἐγκύκλιους Graeci, nostri autem liberales vocant» (88,23). Ha sido próspera la dimensión cultural que ha tenido en Occidente la raíz ἐγκύκλοω. Ya en el Renacimiento a la gran institución medieval, la *universitas,* se la llama en griego no solo πανεπιστήμιον, sino también ἐγκυκλοπαιδεία (literalmente, enseñanza en ciclo o círculo; esto es, completa). Al menos esta última designación es lo que nos sugiere la leyenda de la fachada de la Universidad de Salamanca (España), que es una dedicatoria recíproca: de esa universidad a los reyes Isabel y Fernando, y viceversa. Luego, en el Siglo de las Luces, la *Enciclopedia* francesa, si bien con una connotación marcada ya por la mente o ideología racionalista, influirá en hacer frecuente ese título para las grandes publicaciones futuras que compendien, alfabéticamente o por conceptos, los grandes capítulos del saber. Incluso, con el sentido prístino de la educación infantil griega a la que alude Séneca, recordamos que en algunos países, caso de España, al único libro de

Si se cambia el registro de las *Cartas a Lucilio* y acudimos a las *Cuestiones Naturales*, la contraposición entre la filosofía y el resto de las ciencias es todavía más acusada. La filosofía recibe un encomio mucho más elevado. El prefacio de la obra es un pórtico grandioso, a modo de exordio solemne:

«Tanta diferencia se da entre la filosofía y las restantes ciencias como la que existe —en la filosofía misma— entre la parte que se refiere a los hombres y la que se refiere a los dioses. Esta es más profunda y esforzada y se ha permitido metas muy altas; no se ha contentado con lo que le ofrecían los ojos. Sospechó que había algo mayor y más bello que la naturaleza había situado más allá del alcance de nuestra mirada.»[67]

No hay que perder de vista que este encomio de la filosofía pareciera un tanto fuera de lugar no solo en un libro sobre la ciencia de la naturaleza, sino como encabezado mismo de esa obra.

2. DIFERENTES DISCIPLINAS LIBERALES. DEBIDO DISCERNIMIENTO Y VALORACIÓN DE CARA A LA VIRTUS

a) Ramillete de disciplinas

Reseña luego nuestro filósofo las principales asignaturas que integran las artes liberales. No se va a ajustar él a la clasificación posterior, recogida ya al inicio de este capítulo, en *trivium* y *quadrivium*. Comienza Séneca con la gramática, que se ocupa del cuidado del lenguaje y de los poemas (cf. 88,3). Sigue con la *geometría*, tan útil para medir latifundios (cf. 88,10). La *música*, que sirve para armonizar las voces agudas con las graves o las cuerdas de los diferentes instrumentos (cf. 88,9). La *astronomía* (cf. 88,14), que se dedica a los astros y fenómenos celestes.

---

texto de los estudios primarios se lo llamó durante muchos años *Enciclopedia:* en un solo volumen se recogían para los escolares las nociones básicas de más de diez asignaturas. Laudable esfuerzo sintético, pedagógico y hasta económico.

[67] SÉNECA, L. A., *Cuestiones naturales*, lib. I, prefacio, n.1.

B) MATERIAS EXCLUIDAS DE LOS *STUDIA LIBERALIA*

Quedan, en cambio, fuera de ese muestrario las que hoy llamamos *artes plásticas*. Nuestro autor sabe que su sentir al respecto puede causar extrañeza a Lucilio e, implícitamente en él, a otros, también de la posteridad. Al dejar en la cuneta la pintura y la escultura, Séneca es consciente de que no camina *per perscriptum* (88,18) o línea tradicional marcada por los tratadistas anteriores. ¿A qué se debe esa desviación y rechazo? Se colige de esta afirmación: no admite ni a los pintores, ni a los escultores, ni a los demás exponentes plásticos porque los considera «servidores del lujo» —*luxuriae ministros*— (*ib.*). Cree, por lo tanto, que el exceso, ya contra el equilibrio en las representaciones de las artes plásticas, ya en su coste, se opone al principio de austeridad de la escuela estoica y a los cánones de la *virtus*.

A esa luz se comprende más fácilmente que deje también al margen el *deporte*, en general, por más que lo llame *scientia*, en el sentido de habilidad o destreza. Más en concreto, desecha a los luchadores: «...a toda habilidad que consiste en el aceite y en el lodo» (*ib.*).

Ninguna expresión artística descubre este discípulo de Zenón en tal fango, lleno de vómitos, y en cuerpos aceitosos, sino un espectáculo desagradable:

> «¿Qué tienen de liberal estos que vomitan en ayunas, cuyos cuerpos están cebados, y cuyas almas, macilentas y amodorradas?» (88,19).

Salta a la vista el prejuicio o coloración afectivos de esta hipotiposis senequista, pero todo contribuye para que deje fuera del currículo el deporte, pues no parece ejercitar la mente. Indica el filósofo, como contrapartida, que en el pasado se formaba a los jóvenes en lo físico con los trabajos de casa, del campo y con el manejo de las armas. Pero si incluso a estos mismos adiestramientos de antaño, o a los ejercicios de los luchadores, se los pasa por la criba de la *virtus*, como quiere nuestro estoico, no dan la medida: «Ni estos ni aquellos ejercicios enseñan a fomentar la *virtus*» (88,19). Por lo tanto, estas prácticas físicas se quedan fuera de la dignidad de las artes liberales. Se puede aprender a domar un caballo, pero ¿de qué sirve eso, cuando uno se da al desenfreno de las pasiones? En nada aprovecha ganar a uno en el pugilato o en la lucha, cuando se cae víctima de la ira:

> «¿De qué sirve guiar un caballo y templar su carrera con el freno y verse, en cambio, arrebatado por pasiones desenfrenadas?[68] ¿De qué sirve vencer a muchos en la lucha o en el pugilato, cuando se es vencido por la ira?» (88,19).

La anáfora de las preguntas[69] recalca la idea de que, sin el señorío interior, la fuerza o poder del cuerpo son poco útiles.

c) ¿Se estudia algo que no sirve para la virtus?

Séneca se hace esta pregunta, que parece encontrar dibujada en el ánimo de Lucilio. Y es obvia, después de la discreción que de esos saberes ha hecho el filósofo: «"Entonces, ¿qué? ¿Nada nos aportan los estudios liberales?"» (88,20). Se hace incluso portavoz de los *padres de familia,* que quieren lo mejor para sus hijos y pagan su formación precisamente en esas disciplinas: «"Pues ¿por qué educamos a los hijos en los estudios liberales?"» (88,20).

Sabemos ya, además, que a los niños romanos se les instruía desde de la niñez en la *prima litteratura* (cf. 88,20). En la escuela se les educaba y aleccionaba con los primeros pasos del saber. Esos

---

[68] Se advierte al punto la antítesis: «*freno... effrenatissimis*».
Puede afirmarse que estas reflexiones senequistas tienen aún hoy toda su vigencia para el deporte, tan ensalzado y cultivado en nuestros días. Si se reduce a ejercicio sin miras altas de virtud, decae o se corrompe, por potenciar solo el cuerpo y dejar raquítico el espíritu, como acaba de retratar el escritor en el caso de los luchadores de cuerpos cebados y de espíritus macilentos: «corpora in sagina, animi in macie et veterno» (88,19). Se impondrá el principio del equilibrio en el espíritu, y la armonía e interacción del cuerpo y de la mente. Juvenal lo caracterizó en la conocida sentencia «Orandum est ut sit mens sana in corpore sano» (Juvenal, D.J., *Sátiras,* X,356).
[69] «Quid enim prodest... quid prodest...?»

58

aprendizajes eran *rudimentarios* porque, como expresa gráfica-
mente el verbo latino,[70] los sacaban poco a poco de su condición
de rudos o aún no cultivados —in-cultos—, precisamente al
enseñarles los rudimentos;[71] esto es, los *elementos*[72] iniciales o pro-
pedéuticos (προ-παιδεία)[73]. Ya desde los primeros años se ayudaba
al niño en el largo ascenso hacia el ideal de la *humanitas*.[74]

La solución del nuestro pensador es clara y tajante: los *studia
liberalia* proporcionan muchos conocimientos y recursos a modo
de cimiento para la vida. Iniciaba la carta 88, que recoge buena
parte de este análisis, comentando a Lucilio:

> «Son artes meritorias y, apurando más, hasta útiles, si es que
> preparan la inteligencia y no la frenan. Hay que detenerse en
> ellas mientras el espíritu no puede llevar a cabo algo más gran-
> de. Son nuestros fundamentos —*rudimenta*—, no nuestras
> obras» (88,1).

Así que son preparatorios, pero no llegan a la esencia de lo que se
pretende, esto es, la filosofía como camino de sabiduría del pensamiento y de la vida. Hasta la expresión final ha sido tajante,
con el corte del asíndeton: «Rudimenta, non opera». Esos estudios, metidos ya en el ámbito del quehacer filosófico, son valiosos

---

[70] *E-rudio, e-rudire:* ex-rudis. Señala Forcellini: «Erudire —παιδεύω— est e rudi doctum
facere, artibus expolire, instituere, ad humanitatem informare» (FORCELLINI, A., *Lexicon
Totius Latinitatis,* IV, pg. 166, Padua 1940, 4ª.

[71] Escribía Quintiliano cómo en los pasos iniciales de la formación el niño tenía que aprender «los primeros rudimentos de la retórica» (QUINTILIANO, M.F., *Institución Oratoria,*
II,5); ya luego vendría el arte de la declamación *(ratio declamandi).*

[72] En la primera instrucción, *elementa* se refería muy concretamente al conjunto de las
letras; lo que llamamos *alfabeto,* por las primeras letras griegas. *Ele-men-tum:* recuerda las
letras latinas *l, m, n,* ya que posiblemente eran las que se tomaban como referencia en la
lista o eran las primeras de ella; como en el caso del español, las cuatro primeras nos dan el
nombre de *abecedario.*

[73] Etapa que llamamos nosotros *infantil;* y los italianos, más apegados a los latinos, *scuola
elementare.*

[74] Atinadamente lo acaba de señalar Forcellini: «... ad humanitatem informare» (cf.
arriba, nota 69).

auxiliares.[75] Ahora bien —subraya el filósofo—, de cara a la *virtus* no sirven de nada: «Ad alia multum, ad virtutem nihil» (88,20). De nuevo otro corte brusco asindético. Los estudios liberales, en cuanto a logros consumados en la gradación de la *Stoá,* no son útiles. Disponen, sí, para la virtus, pero de hecho ésta solo puede garantizarla la filosofía.

Por el carácter que tienen de cimentar y moldear el pensamiento, no pretende Séneca borrarlos de los planes educativos que configuran la instrucción romana o παιδεία, como llamaban los griegos a la formación del niño y del adolescente. Por lo tanto, esa educación es provechosa tanto para los jóvenes como para los niños. En efecto, las artes liberales, aunque no den la virtud, preparan para recibirla (cf. 88,20). Si ese es el juicio valorativo del filósofo cordobés sobre los estudios liberales, podemos pensar sin equívocos que la fase previa a ellos —la *prima litteratura*— merece en las *Cartas a Lucilio* consideración, por ser necesaria, pero no aparece con mucha estima.

Al hilo de estas reflexiones vale la pena preguntarse por la salud de que gozaba, en los tiempos del filósofo, la enseñanza primaria de Roma; y luego —sobre todo—, la secundaria, destinada ya a los jóvenes. No parece que viviera en su mejor época. Se deduce de otro párrafo senequista que habla de la medicina antigua. El escritor alaba su sencillez y buenos efectos: a lo que se ve, Séneca era naturista, que decimos hoy. Y así lo eran en general los romanos: con unas cuantas hierbas y brebajes curaban todo o, por lo menos, eso pretendían. Enfermedades que venían en buena medida por el desorden en las comidas y la insalubridad de los ambientes urbanos. Efectivamente, la fina observación del cordobés constata que los placeres de la gastronomía están acarreando muchas enfermedades. Lo peor: están dejando vacías de alumnos las aulas de retórica y de

---

[75] Carmen Codoñer comenta con acierto al respecto, teniendo en mente el trasfondo de la carta 88: «Para Séneca las *Artes liberales* —geometría, gramática, matemáticas, etc.—, necesarias a la filosofía en su calidad de auxiliares, se ven reducidas a la consideración de técnicas» (Codoñer Merino, C., en *Cuestiones naturales,* vol. I. Consejo Superior de Investigaciones Científicas, Madrid 1979, intr.., pg.27).

filosofía. El ausentismo o las deserciones de los alumnos tienen una causa: se buscan tanto en la sociedad los placeres culinarios, que las clases de cocina arrebatan alumnos a los «*rhetores*», y sus aulas son poco menos que un desierto —«en las escuelas de los oradores y de los filósofos reina la soledad» (95,23). Competencia desleal de la cocina o, a lo menos, poco alentadora para el fomento de la cultura humanística.[76] Así que los estudios de las letras no estaban tampoco antaño en la mejor estación ni coyuntura.

Enlazando con las consideraciones anteriores, el filósofo sostiene atinadamente que la enseñanza primaria o *prima litteratura* prepara la inteligencia para el grado posterior, que son los *studia liberalia* —de secundaria y de bachillerato, según nuestra terminología—; y estos abren el alma para el estadio superior de la *filosofía*. Son, pues, habilidades y artes —*artificia*— meritorias, sin duda, a condición de que efectivamente ayuden y no entorpezcan: «Disponen el ingenio, no lo detienen» (88,1).

Por tener un carácter preparatorio para la gran ciencia de la filosofía, estos estudios no deben ocupar toda la vida: «Hay que detenerse en ellos durante el tiempo en que el espíritu no puede acometer algo mayor» (*ib.*). Esa es la correlación y la regla de su duración: *tamdiu*...

---

[76] El estómago, por encima de la cultura. El *magisterio* culinario —o *Master Chef*, si miramos a nuestro tiempo—, que desbanca la enseñanza y el aprendizaje de la cultura en los estudios medios o aun superiores. El *magister* de la sabiduría y el *máster* de la gastronomía, ¡en liza! El cuadro costumbrista que bosqueja el autor no deja de tener, empero, su nota curiosa, en medio de la tristeza que le provoca: los médicos de antes eran elementales en sus recetas, pero solían acertar; ahora, en cambio, aumentan los peligros para la salud por tantos placeres, pero siguen las colas de los jóvenes entorno a las cocinas y a los hogares de los derrochadores: «Los médicos de la antigüedad no sabían recetar el comer a menudo ni vigorizar el pulso del enfermizo con el vino [...]. No era necesario andar buscando muchos tipos de remedios, pues eran muy pocos los peligros. Ahora, en cambio, ¡cuánto se han difundido los peligros contra la salud! Pagamos estos intereses de los placeres, ansiados sobremanera e indebidamente. No te extrañarás de que sean innumerables las enfermedades: cuenta los cocineros. Cesa todo afán por el estudio, y los profesores de las artes liberales regentan sus aulas, que están desiertas por la nula asistencia. En las escuelas de los oradores y de los filósofos reina la soledad. Por el contrario, ¡qué famosas son las cocinas y cómo se aprieta la juventud en torno a los hogares de los derrochadores!» (95,22-23). De nuevo, tendríamos que tomar algún apunte de ese cuadro como lección para nuestra sociedad.

quamdiu: tanto tiempo *cuanto...*[77] El final de esa etapa lo marcará el maius venidero: las tareas más importantes que vengan. Esta última frase encierra en sí una verdad, pero apenas disimula la ironía del andaluz: los estudios humanísticos son una etapa transitoria del espíritu, porque están un peldaño abajo de la filosofía. Cuando el ánimo esté más robustecido y preparado, acometerá ese *maius*. Los

---

[77] Esa etapa propedéutica e interina de los estudios liberales, en la que se permanecía el tiempo necesario o imprescindible —«tamdiu [...] inmorandum est quamdiu... »—, a la espera de adentrarse en el ansiado estadio superior en que, por fin, el espíritu puede ya acometer algo mayor —«[aliquid] animus agere maius potest» (88,1)—, coincidía, como se ha dicho, con el mismo período de transición de la primera adolescencia —16 a 17 años—. Con buenas bases de gramática y de retórica, el joven, a eso de los dieciocho años, se dedicaba ya a la filosofía o al derecho. Y es que entonces su espíritu estaba preparado para acometer los estudios superiores: ese maius ansiado.
Es muy notorio que, en el currículo de la formación sacerdotal, particularmente en los institutos o congregaciones religiosas, se siguieran esquemas parecidos. Con frecuencia esos ordenamientos se inspiraban en el meritorio plan de formación académica de la Compañía de Jesús o *Ratio atque Institutio Studiorum Societatis Iesu*, Roma 1599 (https://www. educatemagis.org/wp-content/uploads/documents/2019/09/Compa%C3%B1%C3%A-Da-de-Jes%C3%BAs-1599-Ratio-Studiorum-Oficial.pdf). En él se contemplaba siempre dedicar un tiempo relativamente amplio al estudio de las humanidades, antes de pasar a la formación superior filosófica y teológica. Solía ser de dos años y coincidía con la edad de los 17 o 18 del seminarista, estadio posterior al noviciado, y que se llamaba, con razón, *juniorado*. Allí el joven *(iunior)* religioso estudiaba los literatos griegos y latinos más destacados en la poesía y en la prosa, y se ejercitaba en el *ars dicendi* mediante los recursos de la retórica, sobre todo clásica. *Ars dicendi,* título certero que el jesuita Joseph Kleutgen (1811-1883) puso en 1898 a su famosa, y aún no superada, preceptiva retórica y literaria, explicada e ilustrada con los principios y ejemplos de los autores clásicos, como indica el título completo de la obra: *Ars dicendi priscorum potissimum praeceptis et exemplis illustrata*. En las Reglas al provincial (n. 18), de la *Ratio* jesuítica, se lee: «Aunque la duración del tiempo para el estudio de las humanidades y de la retórica no puedan determinarse, y al superior corresponda decidir cuánto tiene que detenerse cada uno en estas letras, sin embargo, a los nuestros no los mande a filosofía antes de que terminen el bienio de retórica [...]. Y si algunos están dotados de ingenio para hacer grandes adelantos, principalmente en estos estudios, habrá que ver si es oportuno dedicarles un trienio, a fin de que se fundamenten con mayor solidez».
Así mismo, en algunos bachilleratos, sobre todo de Europa, se ha seguido durante varios siglos una trayectoria no muy diferente: en ellos se ha suministrado una instrucción cultural y humanística general que capacitaba para la carrera o especialidades posteriores. De modo que en Occidente se han seguido por mucho tiempo, con sus más y sus menos, los relejes educativos y culturales que nos dejaron los griegos y latinos. Un análisis interesante del papel de las humanidades clásicas en la formación y de la importancia histórica de la *Ratio Studiorum* de la Compañía de Jesús puede seguirse en TAMAYO F., *Humanidades clásicas, legado perenne: historia, valores, propuestas,* Amazon, Coppel, Texas 2022, pgs. 62-71 sobre todo.

estudios liberales y el que los cursa no pueden dar ni hacer *nihil maius*. En cambio, el *[aliquid] maius* esperado pertenece ya al reino de la filosofía. Cuando ya se reside en el estadio de la filosofía, se tiene que dedicar el tiempo a ella, no a esas disciplinas de preparación y de transición, que debían estar ya aprendidas: «No debemos aprenderlas, sino haberlas ya aprendido»[78] (88,2). En resumen, el sentir del filósofo es claro: «Las artes liberales no conducen el alma a la virtud, pero dejan expedito el camino»: «animum ad accipiendam virtutem praeparant» (88,20).[79] Este es, pues, el itinerario: *Prima litteratura* → *liberalia studia* → *philosophia (virtus)*.

D) LA ETAPA MÁS ADECUADA PARA EL ESTUDIO DE LAS ARTES
   LIBERALES

El autor de las Cartas aborda también esta cuestión. Su sentir es que para estos conocimientos —como en general para el ejercicio de las virtudes—, la juventud es la mejor fase de la vida. Es la más propicia para el aprendizaje y para aspirar a los nobles ideales. Algo que, en general, se ha respetado en los ordenamientos académicos del mundo occidental a los que se acaba de aludir.[80]

Sobre este asunto se pregunta nuestro filósofo:

«¿Por qué razón la mejor? Porque lo que resta es incierto ¿Por qué la mejor? Porque de jóvenes podemos aprender, podemos llevar el alma —flexible y todavía moldeable— hacia los mejores ideales, porque este tiempo es idóneo para el trabajo, para desarrollar la inteligencia con el estudio y ejercitar el cuerpo con el trabajo. El tiempo restante es más estéril, más lánguido y más cercano al final» (108,27).

---

[78] «Non discere debemus ista, sed didicisse». La consideración tiene su fleco de ironía.

[79] Para Séneca —comenta Ismael Roca— «las artes liberales son auxiliares, es cierto, de la filosofía, pero no tienen por objeto la sabiduría, ni su conocimiento puede unirse, como pretende Posidonio, al de la filosofía» (ROCA MELIÁ, I., en *Séneca. Epístolas Morales a Lucilio*, vol. 2, pg.90. Gredos, Madrid 1989). En efecto, Posidonio urgía —como señala nuestro autor en la conocida carta 88, párrafo 24— que el conjunto de las artes liberales ocupara también un puesto en la filosofía.

[80] Cf. nota 76.

No se le escapa a Lucilio que su orientador ético ha aprovechado esas frases y, gracias a la ambivalencia del giro latino[81] —posiblemente buscada—, se ha abierto un resquicio para considerarse —¡sexagenario ya!— uno más de esos jóvenes deseosos de aprender las artes liberales y de tener el alma abierta a las elevadas metas del espíritu. Si se espera uno a la vejez, va a haber más pereza y va a quedar menos tiempo de vida. Quien se considera joven al escribir esas líneas sigue ganoso de continuar aprendiendo los estudios liberales. Y ¡eso que se advierte a cada paso del epistolario y de las demás obras cómo los tiene bien incorporados en la expresión de su pensamiento, por más que ahora los revise críticamente desde la altura de la filosofía!

E) Juicio sobre los estudios liberales

Nuestro escritor ha enunciado y marcado brevemente la incumbencia de algunas de las disciplinas que los integran. Pero, al irlas desgranando, ha cribado cada una con una misma pauta: *¿en qué aprovechan de cara a la virtud?* O más sencillamente: ¿hacen mejor al hombre? Porque esa es la inquietud que sobre las disciplinas liberales han tenido muchos (cf. 88, 2). Más en concreto, la duda se cierne sobre la gramática, cuyos afanes son la precisión del lenguaje, en prosa y en verso, y la historia de la literatura (cf. 88,2). Esas artes ¿pueden hacernos mejores, con esas miras y preocupaciones externas, que parecen de corto y bajo vuelo?

> «¿Qué cosas de estas allanan el camino hacia la virtud?: ¿la medida de las sílabas, la propiedad de las palabras?, ¿el acordarse de las fábulas?, ¿las leyes y variaciones de los versos?» (88,3).

El exigente estoico nos deja ya la respuesta negativa con solo plantear la pregunta. ¿Pretende él tal vez una gramática que moralice y una literatura que dé lecciones de ética? Pero salta a la vista la

---

[81] «Quia iuvenes possumus discere...»: con la primera persona del plural, el verbo logra el doble efecto: *cuando somos jóvenes;* esto es, *cuando se es joven,* o *en la juventud;* pero también recoge un posible: *nosotros los jóvenes —que todavía lo somos— podemos...*

pregunta que le podemos formular: ¿es ese tal vez el cometido de tales saberes? De acuerdo con Séneca, puestos en la disyuntiva de elegir entre el hombre de letras —*homo litteratus o vir litteratus*— y el hombre cabal y honesto —*vir bonus*—, hay que tomar esta última salida, aunque el título de hombre bueno y honrado vista menos y parezca más ordinario que el de hombre versado en letras y saberes. Lo que no dejará claro nuestro filósofo es cuándo entran en intenso conflicto esas diferentes disciplinas, como para llegar a tal elección disyuntiva.

Lucio Anneo insiste en que el filósofo recibirá, posiblemente, elogios como hombre letrado y culto pero, como estoico, no se dejará llevar de tales halagos. Deberá reivindicar con sencillez, eso sí, el título que mira solo a la virtud, y cercenar a hachazos los que vienen de los aplausos y exclamaciones del vulgo. Se lo advierte y describe visualmente a Lucilio:

> «Cuando te acerques a los de nuestra escuela, te mostraré muchos brotes que deberían cortarse a hachazos. Es evidente que supone una gran pérdida de tiempo y un gran fastidio este elogio: "¡Oh qué hombre tan erudito!". Quedémonos contentos con este otro título, más sencillo: "¡Oh qué hombre tan bueno!"» (88,38).

Como se ha ido viendo, el saber literario —suministrado por la *grammatica*— queda mal parado del examen del Pórtico, al menos según las palabras del nuestro estoico hispanorromano.

A la *geometría* y a la *música* no les espera mejor veredicto: aquélla enseña a medir propiedades, pero no «cuánto es suficiente para el hombre» (88,10), criterio imprescindible en el hombre ponderado, como debe ser el *sapiens*, que debe evitar el exceso —«ne quid nimis», y lo consigue cuando da con la medida de lo suficiente: «quantum homini satis sit». El geómetra mostrará cómo parcelar un campo; pero ¿de qué sirve esto, «si no sé compartirlo con mi hermano» (88,11). Tampoco la geometría ayuda a la paz cuando enseña a medir exactamente una finca, pero no cómo conciliarse con el vecino que quiere llevarse algo de esa misma propiedad (cf.

ib.). Así que la geometría queda también con mala calificación en esta revista de disciplinas.

La siguiente de la fila es la *música*. Preocupada como está por la armonía de voces y de sonidos, no parece estarlo por la música del espíritu: «Cómo armonizar mi alma consigo misma y que no disuenen mis propósitos» (88,9). La *astronomía*, que quiere conocer, entre otros intereses, las alineaciones de los astros, ¿ayudará al señorío propio, a la tranquilidad del alma, o la turbará? (cf. 88,14). Más bien atentará contra la ἀπάθεια o dominio de las pasiones, y hará que el hombre no sea *compos sui* o *amicus sui,* grandes objetivos de la ascética del Pórtico.

3. CAUSAS DEL JUICIO NEGATIVO DE SÉNECA SOBRE EL APORTE DE LOS *LIBERALIA STUDIA A LA VIRTUS*

Conocemos ya el dictamen sobre los *studia liberalia,* o *studia humanitatis* —como los han llamado otros autores latinos[82]—. Pero ¿a qué se debe un juicio que nada tiene de positivo? Se ha apuntado ya la causa principal, o filosófica, si se prefiere: estos estudios preparan para el campo moral en que se ha de ejercitar la *virtus,* pero no aportan tal virtud. Ahora bien, ¿no hay otras razones que hayan pesado considerablemente en la balanza para perjuicio de las humanidades?

a) El ánimo de lucro

Es una de ellas. El autor de las Cartas a Lucilio no ensalza esos estudios, porque para no pocos maestros el interés de esas disciplinas es el dinero como salida: «ad aes exit» (88,1). Para nuestro estoico, la consideración de ganancias económicas no ayuda a forjar un espíritu desinteresado en la enseñanza de las artes liberales o de la filosofía. Ya se ha aludido en estas páginas[83] a la mala sensación que dejaron en la antigüedad los sofistas por cobrar sus clases, frente a otros filósofos de

---

[82] Por ejemplo, Cicerón se refiere a ellos como *studia humanitatis ac litterarum* (cf. M.T. Cicerón, *En defensa del poeta Arquías,* 3).
[83] Cf. cap. 2º, 4.

talante más desinteresado, que no exigían remuneración económica. Séneca, ¡vaya que conoce esos usos y manejos de los sofistas o de personajes sedicentes filósofos o pedagogos parecidos a ellos en sus métodos!

b) El filologismo o intrincada consideración de la lengua

Se dan también otros motivos, mencionados así mismo en este trabajo,[84] que al de Córdoba le inquietaban; sobre todo, que cierta autollamada filosofía cayera en la filología y en superficialidades de términos o de vocabulario. Esta misma es la prevención de Séneca de cara a los estudios liberales. Hay filósofos que no sólo han venido a dar en esa tendencia corruptora de la filosofía, sino que incluso han alabado a los gramáticos y a los geómetras por centrarse o detenerse más en vericuetos lingüísticos que en el cultivo de la sabiduría; más aún, han adoptado para sus exposiciones todo lo que de inconsistente y vacío se encuentra en esos filólogos: análisis y disputas sobre sílabas, preposiciones, conjunciones... Así han importado a la filosofía lo menos provechoso de esas materias:

> «Hablo de los estudios liberales: ¡cuánta doctrina superflua contienen los filósofos; cuánta que se aparta de lo útil! También ellos se ocuparon de las distinciones de sílabas y de las propiedades de las preposiciones y conjunciones, y envidiaron a los gramáticos y geómetras. Todo lo que había de inútil en las artes de ellos lo trasladaron a la suya» (88,42).

Lucio Anneo concluye el aguafuerte de esa crítica de los gramáticos con esta resolución, a modo de epifonema: «Así vino a suceder que ponían más esmero en hablar que en vivir» (88,42). Palabras y enseñanzas, pero no vida rimada con ellas.

De nuevo tenemos la clave de interpretación senequista de los estudios liberales según el reflejo de las *Cartas:* no ayudan a vivir bien; o no ayudan de por sí a la práctica de la virtud:

---

[84] Cf. cap. 2º, 2.

«Algunos juzgaron que debía investigarse si hacían bueno al hombre; pero ni se lo proponen siquiera, ni aspiran a tal ciencia» (88,2).

c) Otras razones

Hay además otras causas que llevan a Séneca a esa consideración despectiva de las artes liberales. La *deshonestidad de los profesores* es uno de los más significativos. Esos maestros tan encerrados en sus laberintos lingüísticos no son recomendables para Lucilio, como tampoco sus enseñanzas. De tal palo, tal astilla. Otra vuelta de tuerca: los debe considerar como los más deshonestos y perjudiciales (cf. 88,2).

¿Podría encontrarse, como excepción, profesores o maestros de gramática o de geometría que enseñaran la virtud? Las páginas de las *Cartas a Lucilio* responden que no, pero lo hacen con cierto gracejo: si enseñan la virtud, son ya filósofos (cf. 88,4). Por ese mismo hecho, habrían dejado esas etapas inferiores, para situarse pleno iure en la filosofía.

Y vienen a sumarse otros elementos: la soberbia y la vanidad, que en algunos hombres de letras se alían con la falta de probidad de vida ahora reseñada. De esa vanidad contagian también a sus alumnos.

Para justificar la vanagloria pueden objetar, profesores o alumnos, que el conocimiento de muchos saberes deleita (cf. 88,36). Pero nuestro filósofo responderá que merece represión quien se pasa la vida ocupado en acumular un inútil bagaje literario, por más amplio que sea. Y compara a este hombre inconsistente con otro también digno de reproche: el que compra artículos inservibles muy caros, solo con el afán de exhibirlos en su casa (*ib.*). El escritor recalca, con un apotegma lleno de donaire, su reflexión sobre la vanagloria de estos profesores que se creen sabiondos: «Querer saber más de lo que es suficiente es un género de intemperancia»[85] (*ib.*).

---

[85] Estamos de nuevo en el *ne quid nimis* (μηδὲν ἄγαν) o ley de la armonía y del equilibrio, que también debe imperar en el quehacer intelectual. Por cierto, parecida a la de Séneca, aun en el estilo, es la sentencia de la Sagrada Escritura, en la versión de la Vulgata: «No sepas

Con semejante agudeza e ironía sigue el retrato de los profesores y cultivadores de las artes liberales que se han abandonado al narcisismo: «Esta búsqueda de las artes liberales los hace molestos, farragosos, inoportunos, complacientes consigo mismos» (88,37). Como remate lapidario y lleno de sorna, señala la causa de la soberbia intelectual: dejaron lo necesario por lo superfluo: «No aprendían las cosas necesarias —*necessaria*— por haber aprendido las superfluas —*supervacua*—» (*ib.*). Un aviso siempre actual para los docentes y los discípulos: perseguir el afán de lo esencial.

Menciona también las características de algunos cultivadores de esas artes, bajando a estos ejemplos o anécdotas nominales: el gramático Dídimo escribió cuatro mil libros —aunque debamos ser indulgentes con esa hipérbole aritmética de nuestro buen andaluz— llenos de superfluidades y banalidades (cf. *ib.*): sobre la patria de Homero, la verdadera madre de Eneas...[86] Otro gramático, Apión, tenido por segundo Homero, decía que el poeta ciego, una vez concluidas la *Ilíada* y la *Odisea,* había compendiado en otro poema previo la narración de la guerra de Troya y lo había antepuesto a la Ilíada. Para esa y otras teorías se amparaba en enrevesadas sutilezas interpretativas (cf. 88,40).[87]

---

más de lo necesario, para que no te quedes embotado» (*Ed* 7,17). Sorprendente realismo. Excederse de una prudente medida de datos y de saberes, sobre todo cuando se usan inoportunamente, lleva a la soberbia, al ofuscamiento o a la cursilería, como lo demuestran los casos que narra a continuación nuestro escritor.

[86] Ese modo, por demás enrevesado, de acceder a los autores clásicos, perduró o volvió a tomar fuerza en algunas corrientes humanistas del Renacimiento y del Barroco. Se puede recordar aquí el pasaje de *Don Quijote de la Mancha* (II,16) en que el protagonista se encuentra con don Diego de Miranda, Caballero del Verde Gabán. Este personaje refiere al hidalgo manchego que su hijo ha estado en Salamanca y se ha dedicado a las letras latinas y griegas, pero ha caído en asuntos bizantinos, no muy lejanos, por cierto, a los del mencionado gramático Dídimo. «Todo el día se le pasa en averiguar si dijo bien o mal Homero en tal verso de la Ilíada; si Marcial anduvo deshonesto o no en tal epigrama; si se han de entender de una manera o otra tales y tales versos de Virgilio. En fin, todas sus conversaciones son con los libros de los referidos poetas, y con los de Horacio, Persio, Juvenal y Tíbulo; que de los modernos romancistas no hace mucha cuenta». Claro está que en las frases de don Diego, Cervantes ironiza sutilmente los recovecos en que venían a dar algunos maestros de latines y griegos de su tiempo.

[87] Señalaba que la primera palabra de toda la Ilíada —Μῆνιν— contiene dos letras que son también cifras: M= 40; η= 8 (cf. LÓPEZ SOTO, V., *Séneca. Cartas a Lucilio.* Editorial Juventud. Barcelona 1982, pg.287). De ese modo, cuando menos ingenioso, explicaba la cifra de los veinticuatro libros de esa obra sumados a la misma cantidad de rapsodias o cantos de la Odisea.

Puede surgir una nueva objeción en defensa de los que se pierden en estas menudencias. El autor de las *Cartas a Lucilio* la expresa así: «El que quiere tener muchos conocimientos debe saber detalles como esos» (88,41). Parece ser una dificultad o duda que Séneca ve rondar en la mente de Lucilio, o puede saltar en cualquiera de los que lean las cartas. Pero el filósofo responde a su interlocutor con la realidad y exigencias de la vida: ya de por sí tienes muchas tareas y preocupaciones que te quitan no poco tiempo, como para perder todavía más con todas esas bagatelas y zarandajas peregrinas. Y esto se lo aconseja, como receta de vida, en una sentencia: «Mide tu edad. No puede abarcar tantos asuntos» (88,41).[88] Hay que tener en cuenta las propias fuerzas y años: la vida no da para todo lo que se quisiera. «Ars longa, vita brevis.»[89] Se impone elegir bien entre las coordenadas del tiempo y de las fuerzas personales.

La sutileza y las cuestiones intrincadas —sostiene el filósofo— no sólo quitan tiempo a los asuntos fundamentales de una existencia tan breve como la nuestra, sino que hacen daño a la verdad (cf. 88,43) y, por ende, a la filosofía. A este respecto echa mano del pensamiento de Protágoras, que sabía no poco de argumentaciones y disputas de opiniones. Afirmaba él que sobre toda cuestión se puede disputar por igual a favor o en contra. Y apuraba todavía más: hasta sobre esta misma afirmación ahora mismo vertida se puede inclinar uno a un lado o a otro, estar de acuerdo o no (cf. 88,44).

4. LA FILOSOFÍA Y LAS DISCIPLINAS LIBERALES

A) La filosofía y las artes liberales de expresión

Será la filosofía —ya lo sabemos— la que muestre el camino del bien obrar. No se va a detener, como la retórica o la literatura, en las apariencias externas o en los avatares de los protagonistas de las

---

[88] Sobre el aprovechamiento del tiempo y, por ende, de la vida en su conjunto es muy iluminadora la primera carta del epistolario de Séneca.

[89] SÉNECA, L.A., *Sobre la brevedad de la vida*, I,1. El filósofo cordobés abre ese tratado con esa sentencia del primero de los aforismos de Hipócrates (cf. HIPÓCRATES, *Aforismos*. I,1).

obras literarias. Con ella no se puede permanecer en la superficie del acontecer, que son las palabras. Hay que llegar adentro, a la fuente de donde brotan los hechos, que es la virtud: a la entrañas más profundas —*praecordia ima*—. Es lo que el escritor pide a su amigo:

> «Te pido encarecidamente, querido Lucilio, que introduzcas la filosofía en lo más profundo de tu ser, y que tomes la prueba de tu adelanto no por tu discurso, ni por tu escrito, sino por la fortaleza de tu alma y la disminución de tus apetitos. Prueba tus palabras con hechos. [2] Los declamadores pretenden atraerse el aplauso de la concurrencia, ocupar la atención de jóvenes y ociosos por la variedad y volubilidad de sus discursos. La filosofía enseña a obrar, no a hablar» (20,1-2).[90]

La filosofía no es maestra de la expresión, sino del comportamiento. Como magistra *bene agendi*, se opone o, por lo menos, evidencia las limitaciones de las letras liberales, que se dedican, con frecuencia ensimismadamente, a la expresión oral y escrita como *magistrae bene dicendi*.

El autor de las *Cartas* va a hacer un ejercicio atrevido para demostrar las insuficiencias de esas materias frente a la proyección de la filosofía. Propone a su interlocutor un imaginativo trastrueque de papeles: los poetas se van a convertir momentáneamente en filósofos. El escritor va a suponer esa pretensión como propia y como querida también por estos, tal vez para congraciarse con los hombres de letras. Homero ahora mismo —vamos a creerlo por unos instantes— es ya un filósofo —«A lo mejor te persuaden de que Homero fue filósofo» (88,5)—. Y la curiosidad se sobresalta: ¿cómo se desenvuelve el padre de los poetas griegos en un escenario y papel que no le conocíamos? Pero el interesante experimento se tambalea apenas se abre el telón y aparece, disfrazado para tal menester, el autor de las dos famosas

---

[90] Esta llamada a la interioridad lleva la mente del lector al grito, veinte siglos posterior, que Miguel de Unamuno lanzaba al destinatario anónimo —y por eso más universal— de su famoso artículo *Adentro*: cf. UNAMUNO, M., de, *Obras selectas*. Biblioteca Nueva, Madrid 1986, pp. 183-189. Por lo demás, hay varias semejanzas entre el estilo de las cartas de Séneca y el de este artículo o epístola de Unamuno. Salvando el arco del tiempo, casi podría creerse una más de las cartas destinadas a Lucilio.

epopeyas. ¿Por qué? Porque los mismos que idean el cambio no se ponen de acuerdo en el documento de identidad filosófica que cuadra al padre de los poetas: los estoicos le consideran de su doctrina, pues estiman que aprueba la virtud y rehúye los placeres; los epicúreos lo inscriben en su partido: ven que en sus obras abundan los festines y la buena vida; los académicos y los peripatéticos también se lo adjudican para su respectivo pensamiento. Lucio Anneo remata que se puede conceder que el gran poeta fuera filósofo, pero sin integrarlo en ningún bando filosófico, aun siendo, a la vez, de todos. Ahora bien, era sabio antes de ponerse a escribir los versos. Conclusión: hay que sacar la lección de lo que engrandeció a Homero: «Así que aprendamos los principios que hicieron sabio a Homero» (*ib*). Sabio o filósofo de vida, no de doctrinas: así es como lo quiere fijar Séneca.

Esas enseñanzas vitales de Homero quedan opacadas muchas veces por las cuestioncillas rebuscadas que nuestro autor endosa sobre todo a los amantes de las artes liberales, aunque haya cultivadores de la filosofía que también se envisquen en esos embrollos. Tales curiosidades pueden ser —ejemplifica el filósofo— la edad de Patroclo y de Aquiles, si Homero era más antiguo que Hesíodo (cf. 88,6), la geografía por la que navegó errante Ulises: entre Italia y Sicilia o en aguas desconocidas... (cf. 88,7).

Por lo tanto, la filosofía es la que da razón vital para la existencia. Las artes liberales, casi nunca; porque se pierden con frecuencia en redes de asuntos intrincados, las más de las veces intrascendentes. Este defecto es más raro en la demarcación de los filósofos.

b) Artes liberales técnicas: música, geometría, astronomía

En las disciplinas liberales hay otro sector, que es más numérico; hoy diríamos más científico o que está en la zona de las ciencias. En la Edad Media incluían en el *quadrivium* la música, la geometría, las matemáticas o aritmética y la astronomía. Séneca se detiene en ellas no sistemática, sino sugestivamente, como también lo ha hecho con la gramática, la retórica y la dialéctica, propias del *trivium*.

La *música* es armonía de sonidos agudos y graves (cf. 88,9); arte que exige compaginar número o medida y ritmo. La geometría se emplea a fondo en la medida de superficies redondas o cuadradas (cf. 88,13). La *astronomía* considera y trata de medir el intervalo entre los astros (cf. *ib.*), que luego las *matemáticas* trasladan a números en sus cursos y duraciones de ida y vuelta (cf. *ib.*); se fija también en las posiciones que guardan los astros entre sí: si Mercurio se oculta de Saturno o viceversa, o si están opuestos mutuamente. Cosa diferente es darse a supersticiones al mirar la alineación de los astros, porque —interpreta nuestro filósofo—: «Nos son propicios cualquiera que sea su posición, y nadie los puede cambiar» (88,14).

Pero ¿de qué sirven estas ciencias a la filosofía? Le son auxiliares, pero no esenciales ni imprescindibles. La geometría ayudará para la filosofía natural, pero no como integrada en ella o parte de la misma (cf. 88,25). El de Córdoba establece una comparación proporcional para explicar el papel de la geometría de cara a la filosofía: la filosofía necesita la geometría, al igual que la geometría requiere de un artesano o mecánico. Pero ni la mecánica ni el artesano son parte constitutiva de la geometría, ni la geometría lo es de la filosofía. Lo que ayuda no es forzosamente parte esencial de lo que recibe la ayuda. Si la comparación no acabara de clarificar lo que el filósofo quiere afirmar, baja luego a algo más terreno: la comida sirve al cuerpo, pero no es parte integrada a él (cf. 88,25): las lentejas del plato no forman parte del cuerpo, como sí lo constituyen, en cambio, el corazón o los pulmones. Eso pasa con la geometría, la aritmética o la astronomía: son auxiliares para la filosofía, no constitutivos esenciales.

Esa distinción entre esencial y auxiliar salta a la vista mirando el fin definitivo de cada disciplina: la filosofía indaga las causas últimas de las cosas; las artes o ciencias liberales de la geometría y de la aritmética —agrupadas en el *quadrivium*— trasladan posteriormente a datos numéricos lo que la filosofía ha descubierto. Concretamente, el sabio que se dedica a la filosofía natural o filosofía del mundo físico busca las causas últimas de los fenómenos: «El sabio investiga y conoce las causas de las cosas naturales» (88,26), pero echará luego mano de las matemáticas o de la geometría en apoyo de lo que ha descubierto como razón última; para eso pedirá ayuda al geómetra, dado que esa es ya tarea de un matemático: «pretende alcanzar y computar el número y las dimensiones de las realidades» (*ib.*). El escritor aduce otros dos ejemplos de la naturaleza, como son la reflexión de las imágenes, la magnitud del sol, y el modo como los tratan, desde su respectiva trinchera, el filósofo y el matemático (cf. 88,27).

Queda sentado el puesto más noble de la filosofía, porque ella rastrea y llega al porqué último de los fenómenos; mientras que las matemáticas y la geometría obran una vez que se han percatado del descubrimiento logrado por la metafísica; y solo entonces se aprestan a dar con las medidas de los cursos de ida y vuelta de los astros y los plasman en números y representaciones gráficas (cf. *ib.*). Esto es, son parciales en sus causas formal y final. Nuestro estoico va a expresar con emoción contenida tal preeminencia de la filosofía. Es otro elogio parecido a los reseñados antes:[91]

> «La filosofía no pide nada a otros; levanta desde sus cimientos toda la obra. La matemática, por así decirlo, es superficial: edifica en terreno ajeno; recibe los primeros elementos, merced a los cuales puede llegar a conclusiones ulteriores. Si por sí misma se encaminase ella hacia la verdad y pudiese abarcar la naturaleza del mundo todo, yo proclamaría que aportaría mucho a nuestro espíritu, pues este se complace al tratar las realidades celestiales y se trae consigo algo desde lo alto» (88,28).

Con estas reflexiones senequistas, queda patente que las artes liberales del ramo científico —geometría, astronomía, matemáticas— no son esenciales para la filosofía, pero la ayudan sobre todo a concretar en medidas y números sus descubrimientos.

Se le puede preguntar al autor de las *Cartas a Lucilio* por la prioridad temporal: la filosofía ¿es siempre anterior, en sus análisis y conclusiones, a las ciencias matemáticas o exactas, o a veces la filosofía profundiza en sus verdades después de que esas otras disciplinas

---

[91]   Cf. cap. 1.º, 2.º

han ofrecido algunos hallazgos e intuiciones? Séneca sostendría lo primero. Puede haber en ese posicionamiento una comprensible alabanza de su propio quehacer —*laus disciplinae*—.[92] Pero también es verdad lo ya contemplado: el pensador hispanorromano concibe la filosofía como un saber encaminado a la vida moral —*scientia vivendi o, incluso más, ars bene vivendi*—. Ni las matemáticas, ni la geometría, ni la astronomía tienen esa consideración. Lo vuelve a recalcar el final del elogio apuntado en la carta 88,28:

> «Con una sola cosa se perfecciona el espíritu: con la inmutable ciencia del bien y del mal, pues ningún otro arte investiga sobre el bien y el mal».

Puede decirse que, en el balance que el filósofo deja de las artes liberales del quadrivium, estas no salen tan mal paradas como las de expresión del pensamiento: gramática, retórica y dialéctica (lógica, esencialmente). Sabemos que Séneca veía a estas como carentes de mesura en la expresión o cargadas de raciocinios alambicados, y no le merecían una mirada favorable desde la filosofía.

También es de notar que nuestro filósofo ha profundizado ahora en lo más genuino de la filosofía. Del campo de la aplicación al obrar, que es donde mejor se mueve él, ha ido a la metafísica; y lo ha hecho en los más puros términos aristotélicos:[93] «El sabio investiga y conoce las causas de las cosas naturales» (88,26).

En este momento ha tocado el corazón de la metafísica: conocimiento de las cosas por las causas. Puede decirse que del obrar ha llegado al *ser;* de la *ética*, a la *metafísica*. Séneca ¿es más sabio con ello? Se puede decir, al menos, que es más filósofo y que ha dado un nuevo paso en la persecución de la inalcanzable sabiduría.

---

[92] A veces a esa inclinación subjetiva se la llama popularmente *defecto profesional,* que puede convertirse en apología personal *(Cicero pro domo sua).*

[93] Es conocido el pasaje del Estagirita: «La llamada sabiduría versa, en opinión de todos, sobre las primeras causas y sobre los principios [...]. La sabiduría es una ciencia sobre ciertos principios y causas. Y puesto que buscamos esta ciencia, lo que debiéramos indagar es de qué causas y principios es ciencia la sabiduría» (ARISTÓTELES, *Metafísica,* I,981 b28-982 a30).

Capítulo IV
Séneca y otras perspectivas de las Humanidades

Queda a la vista el recorrido del antiguo preceptor de Nerón sobre las artes liberales o humanidades tal como aparecen en las *Cartas a Lucilio*. El balance de sus análisis es claramente desfavorable para ellas. Pero surge la inquietud: el sentir del autor al respecto ¿es exclusiva y definitivamente el del epistolario, o hay otros textos suyos que aporten enfoques y contornos diferentes? Más aún, cabe indagar si hay otros literatos o pensadores del mundo cultural latino que suscriban el diagnóstico senequista o lo rechacen.

Luego son esos dos los objetivos de este capítulo, que pretende sellar el juicio de Séneca sobre estos estudios. Se propone, en consecuencia, mirar otras obras del filósofo, e incluso la experiencia que tuvo en su formación y que manifiesta fuera de las cartas. Cotejar lo que se pueda sacar de algún autor anterior a él o de su mismo siglo puede también ayudar a una formulación más equilibrada de todo el pensamiento del filósofo acerca de estas disciplinas.

1. ¿NO ES SÉNECA UN HUMANISTA?

A) Hombre amante de la ciencia

La trayectoria de nuestro filósofo parece alargarse en contra de los juicios que él mismo ha ido vertiendo sobre las artes liberales. Y es que él domina esas disciplinas. No solo cultiva las letras, como las llamamos hoy, sino también las ciencias, que están perfectamente encuadradas, como se ha visto, en esas artes liberales. El ideal humanístico no es solo el de las letras, sino también el de las ciencias y las artes. Posiblemente los grandes genios del Renacimiento fueron los que mejor lo plasmaron.

Volvamos al de Córdoba. Se apuntaba arriba que, junto con los diálogos o tratados, el amplio epistolario a Lucilio y las obras dramáticas, escribió hacia el final de su vida ocho libros titulados *Quaestiones Naturales*, dirigidos por cierto al mismo amigo destinatario de las cartas. Pero se indicaba también que no eran las únicas obras del filósofo sobre ciencias naturales y cosmología, pues se han perdido dos o tres más que compuso. Comoquiera, son una obra en cierto modo enciclopédica, volcada sobre las ciencias naturales en cuanto conocimiento del mundo que nos rodea y de sus fenómenos, sobre todo los meteorológicos. Pero su autor no se detiene en la mera recopilación de datos, sino que quiere proyectar una visión filosófica sobre los fenómenos, que luego el geómetra va a trasladar a números.[94] Es una obra atractiva, más aún para la mentalidad de hoy, tan interesada en la marcha del planeta. Se ocupa de realidades como las aguas subterráneas, la crecida del Nilo; meteoros como los vientos, la nieve, el granizo, los rayos, los truenos... El conjunto de estos dos últimos fenómenos le seduce de modo particular.[95] Hay también en sus páginas lugar para asuntos pintorescos, como el origen de los espejos y su progresivo uso.[96] Y se encuentra el lector con algún lance inesperado que manifiesta facetas nuevas de la poliédrica personalidad de Lucio Anneo.[97] Las *Cuestiones naturales* son mucho más que un simple tratado meteorológico. Estamos ante un libro que aspira a conseguir un conocimiento racional de la naturaleza. Este acceso de la razón al mundo es la actividad más digna y

---

[94] Sabemos por las *Cartas a Lucilio,* que esa es la tarea del geómetra (cf. 88,24 y 26).

[95] Cf. SÉNECA, L.A., *Cuestiones naturales,* II,31-35.

[96] Cf. ID,. *ib.* I,17.

[97] Como cuando, hablando de los seísmos y de los volcanes, llega a afirmar, a la vez bizarra y desesperadamente: puesto que la muerte es inevitable, deberíamos alegrarnos de sucumbir con todo el planeta, víctimas de uno de esos fenómenos: «Egregiamente lo expresó mi querido Vagelio en su famoso poema: "Si hay que caer, quisiera caer del cielo". Lo mismo se puede decir: si hay que caer, caeré después que se sacuda el orbe, no porque sea justo desear un desastre público, sino porque es un enorme consuelo de la muerte el ver que la tierra también es mortal» (cf. Id., *ib.,* VI,2,9).

liberadora del hombre, porque le permite conocer su comportamiento y sus leyes, que habrá de respetar y obedecer. Incluso esas páginas se adentran en una incipiente teodicea, pues el filósofo se pregunta por el autor y guardián del universo.[98] Eso mismo tendrá que hacer el hombre, con la propia naturaleza en su obrar moral, que debe estar también gobernado por la razón. Se percata uno de que en esa obra Séneca es plenamente humanista, al está volcado sobre el quehacer de las artes liberales —ciencias y letras—[99].

B) Huella humanista, a pesar de todo

La consideración humanista aparece más evidente, si cabe, en los tratados morales y en las tragedias. En ambas series de escritos resplandece el principio rector de su visión del hombre, que él enuncia así: «Homo sacra res homini» (95,33). Pocas veces se ha recogido en una sentencia tan breve y aquilatada la densidad de lo que entraña el humanismo y su definitiva proyección sagrada.[100] Tal sacralidad es digna de admiración,

---

[98] El siguiente párrafo es esclarecedor del adentramiento que el filósofo quiere hacer en la naturaleza y en su autor —*auctor*— y guardián —*custos*—: «Doy gracias a la naturaleza cuando penetro en ella no por la parte que es más conocida, sino al adentrarme en sus secretos; cuando aprendo cuál es la materia del universo, quién es su autor o guardián; quién es Dios: si tiende todo él hacia sí mismo o si alguna vez mira también hacia nosotros, si diariamente hace algo o ya lo hizo una vez por todas; si es parte del mundo o se identifica con él; si se le permite hoy decretar algo y derogarlo por la ley del destino; si hay merma en su majestad o es necesario que confiese su error por haber creado cosas mudables, o si estas le agradan a él, a quien solo pueden deleitar las cosas mejores» (SÉNECA, L.A., *Cuestiones naturales*, lib. I, prefacio, n.3).

[99] Podría decirse que Séneca quiere estar entre ese número de espíritus de todos los tiempos con insaciable afán por conocer las disciplinas humanas existentes en su día; cuantas más, mejor; y no solo la filosofía. Por eso cultiva e investiga la naturaleza humana. En eso contaba con ejemplos sobresalientes, particularmente del universo filosófico y cultural griego. Baste citar, por ejemplo, a Aristóteles, autor de la *Física*, obra acerca de la naturaleza, que ofrece a Séneca valiosas enseñanzas y le estimula a escribir las *Cuestiones naturales*. Si a Séneca cabe considerarle humanista, puede decirse que más todavía a Aristóteles, que profundizó como pocas mentes en casi todas las ramas del saber de su tiempo.

[100] La certera y escueta definición que traza Séneca del hombre ha tenido otras expresiones a lo largo del pensamiento humano, a veces en contraste total con la de nuestro autor. «Homo homini lupus», lo definía Thomas Hobbes (*De cive*), tomando en realidad esa frase de Plauto (PLAUTO, T.M., Asinaria, v. 495), aunque con un leve retoque. Y L. Feuerbach llegó a escribir: «Homo homini Deus» (*La esencia del cristianismo*). Era la acentuación, y a la vez el embotamiento, del humanismo desprovisto de Dios, muy diferente en esencia del senequista.

no solo para los seres humanos, que se ven retratados en ella y, por eso, deben —¡deberían!, por lo menos— siempre respetar a sus iguales, sino para los mismos dioses o, mejor en singular, para la misma divinidad —*deus*— que mira y admira en el hombre su propia obra. El hombre es así un *spectaculum* o maravilla para Dios mismo, porque lo considera semejante o parejo a sí: *par deo*: «He ahí un espectáculo digno de que Dios lo mire, atento a su obra; he ahí uno igual —*par*— a Dios:...»[101] Para que se dé ese asombro de la divinidad al mirar al hombre, el fílósofo pone como requisito la fortaleza del hombre en asumir y sobrellevar su situación concreta, incluso cuando es desastrada por su propia responsabilidad. En consecuencia, completa y concreta su admiración por el espectáculo del hombre, con estos términos: «... el *vir fortis*, que está conforme con su mala fortuna, ciertamente cuando él mismo la ha provocado». Y da nombre propio a ese *hombre valeroso:* el estoico Marco Porcio Catón (234-149 a.C.), uno de los principales forjadores del espíritu romano.[102] Séneca recoge en ese pasaje una diferencia notable entre el modo que tenemos los hombres de evaluar a los demás y el que caracteriza a la divinidad respecto al hombre: nosotros admiramos espectáculos externos de valentía o nos fijamos en las cualidades o habilidades —el *habere*—; la divinidad considera, en cambio, el prodigio mismo del hombre: el *esse*.[103] La dignidad del hombre perdura incluso —¡o sobre todo!— cuando ha sufrido más de una vez los reveses personales o públicos. De nuevo, Séneca mira a Catón, modelo de cómo sobrellevar la adversidad y mantenerse *rectus* —inquebrantable en el cuerpo y en el ánimo— en esos fracasos.[104]

---

[101] «Ecce spectaculum dignum ad quod respiciat intentus operi suo deus, ecce par deo dignum, vir fortis cum fortuna mala compositus, utique si et prouocauit» (*De providentia*, II,9).

[102] Sin disimular su plena admiración por uno de sus modelos de vida y de filosofía, Lucio Anneo pondera que Júpiter tiene en el legendario romano el espectáculo más hermoso posible en la tierra, sobre todo por el modo como sabía sobrellevar la adversa fortuna (cf. *ib.*).

[103] Es muy significativo e ilustrador del humanismo de Séneca este pasaje del tratado *De providentia*: «A nosotros nos gusta en ocasiones ver a un joven, de ánimo valiente, resistir con una flecha a una fiera que se le abalanza, o soportar impertérrito el asalto de un león. Y este espectáculo es más agradable cuanto más honesta es la persona que lo ha protagonizado. Pero no son estas curiosidades pueriles ni estos gustos superficiales los que pueden atraer la mirada de los dioses» (II,8).

[104] *De providentia*, II,9.

El hombre —hoy diríamos: la persona humana— es sagrado. Tras esta elevación sobre la dignidad humana, el filósofo advierte inmediatamente el contraste con la cruel realidad de su tiempo. De lo ideal —«el hombre es algo sagrado para el hombre»—, a lo real: «ahora se le mata por juego y diversión» (95,33). En su grandeza debiera vivir según la razón y que ésta se ciñera a la naturaleza. Algo facilísimo, comenta el filósofo. De ese modo se alcanzaría el respeto racional y, como ha dicho, sagrado. Pero esa tarea noble y sencilla la hace difícil la común insensatez que nos posee, que nos lleva a ceder ante los vicios e incluso a fomentarlos. Lo que debe hacer el hombre es estimar *lo que él es* y, en consecuencia, *lo que es propio de su ser* —«quod ipsius est [...], quod proprium hominis est» (41,7)—. Eso tan propio y exclusivo suyo es el *alma* y la *razón*, ejes de su fuerza espiritual: «Animus et ratio in animo perfecta» (41,8). No tanto lo que hace o lo que tiene, pues esto no se halla en el centro de su ser —*in ipso*—, sino que es periférico al mismo —*circa ipsum*—.[105] Precisamente lo que le define es su razón; y ésta debe seguir el dictado de su naturaleza. De ahí que nuestro filósofo escriba a su amigo:

«En el hombre también debe alabarse lo que es de él mismo. Tiene una servidumbre hermosa y una casa pulcra, siembra mucho, cobra muchos réditos. Nada de esto está en él mismo, sino alrededor de él. [8] Alaba en él lo que ni se le puede quitar ni dar: lo que es propio del hombre. ¿Preguntas qué es? El alma y la razón en el alma perfecta. Porque el hombre es un animal racional. Así pues, su bien llega a realizarse por completo si ha cumplido el fin para el que nace. [9] ¿Qué es, pues, lo que exige de él esta razón? Una cosa muy fácil: vivir según su naturaleza. Pero la común locura hace difícil esta tarea. A los vicios nos empujamos el uno al otro» (41,8-9).[106]

---

[105] «Nihil horum in ipso est sed circa ipsum» (*ib.*).

[106] La filosofía y el humanismo se dan la mano en ponderar la elevación del hombre sobre las bestias, gracias a la razón, que debe obedecer a la naturaleza. Cicerón escribía, un siglo antes que Lucio Anneo: «Entre el hombre y la bestia ésta es la máxima diferencia: que la bestia se mueve sólo por los sentidos y se adapta a lo que está junto a ella y le es presente, sin experimentar apenas el pasado o el futuro. El hombre, en cambio, como partícipe que es de la razón, distingue por ella las consecuencias, ve las causas de las cosas y no desconoce sus precedentes y antecedentes, compara las semejanzas; a las presentes les añade y ata las futuras; ve fácilmente el curso de toda su vida y dispone lo necesario para desarrollarla. [12]

El *ser* sobre el *tener;* la *naturaleza* sobre la propia *volubilidad.* Una presentación sucinta, pero rica, del humanismo genuino ésta que en pocas líneas ha trazado el filósofo. Una antropología de probada estructura y trascendencia.

La fidelidad del hombre a la ley y al legado de su naturaleza debiera ser la regla común. Pero no todos consiguen ese mínimo. Tal vez por eso Séneca deja esta consideración: hay que tender a alzarse sobre ese común denominador. El hombre debe aspirar a lo más noble, si es que no desea apearse de su nobleza y quedarse en lo rastrero: «¡Oh qué despreciable es el hombre si no se eleva sobre las cosas humanas!»[107]

En sus tratados, el filósofo analiza los vicios que pueden provocar esa caída; sobre todo, la ira, la avaricia, la envidia, la crueldad. Pero también ponderará que, en la lucha que se lidia en el alma entre los vicios y las virtudes —una encarnizada *Psychomachia*[108]—,

---

Esta misma naturaleza, en virtud de la fuerza de la razón, atrae el hombre al hombre hacia una comunidad de lengua y de vida, y genera principalmente todo un amor especial hacia los que ha procreado; y le impele a querer que haya reuniones y celebraciones y a que él asista a ellas» (CICERÓN, M.T., *Sobre los deberes,* I,4,11-12).

[107] SÉNECA, L.A., *Cuestiones naturales,* I, prefacio, n.5. En cambio, la excelencia del hombre resplandece en su cabal identidad consigo mismo, que pasa por su racionalidad. Cuando se llega a este objetivo, se puede dar la vuelta a la lamentación de Séneca ante la bajeza humana si se queda en lo material, y suplirla por la exclamación asombrada de un personaje del teatro de Menandro: «¡Qué cosa tan hermosa es el hombre cuando es hombre!» (*Cómicos Áticos,* fragmentos. Ed. Koch, fr. n.761). Recordemos, a este respecto, la reflexión senequista, citada arriba, sobre el maravilloso *spectaculum* que es el hombre como *par deo* (cf. *De providentia,* II,9).

[108] Por usar el vocablo con que el gran poeta cristiano hispanorromano, Aurelio Prudencio, tituló su poema alegórico, de elevación épica. Escribe en el *prefacio:* «Hemos de estar vigilantes con las armas de los corazones fieles y, reunidas todas las fuerzas de nuestra casa, hemos de libertar toda aquella porción de nuestro cuerpo que, hecha esclava, sirve a la pasión vergonzosa» (vv. 52-55). Esa pasión tendrá muchas cabezas o manifestaciones: idolatría, lujuria, ira, soberbia, avaricia, discordia, herejía. En el poema luchan contra ellas las correspondientes virtudes opuestas. Al final, el triunfo será de la luz, no de las tinieblas; de la virtud, no del vicio: «Con aspiraciones opuestas combaten la luz y las tinieblas; y nuestra doble sustancia alienta fuerzas contrarias, hasta que Cristo Dios acuda en nuestra ayuda y disponga en su purificado asiento todas las gemas de las virtudes; y, donde haya reinado el pecado, levantando los áureos atrios de su templo, trence, con el ejemplo de las buenas costumbres, los ornamentos del alma y, en ellos deleitada, reine para siempre la rica Sabiduría en su hermoso trono» (vv. 908-915). Traducción de Alfonso ORTEGA CARMONA, en *Aurelio Prudencio. Obras Completas.* Biblioteca de Autores Cristianos. Madrid 1981.

la triunfadora ha de ser la *virtus* —valor, entereza, vigor del alma y de la voluntad—. Con la *virtus* va el cortejo de las correspondientes *virtutes* que estriban en ella: la fortaleza, la prudencia, la justicia y la templanza, piezas esenciales de la moral estoica que luego el cristianismo ha hecho propias como virtudes cardinales. El filósofo cordobés añade otras virtudes humanas, como la felicidad, la perseverancia, la operosidad y la diligencia en el aprovechamiento del tiempo de la vida, etc. Ahora bien, esos tratados o ensayos —como los llamaríamos hoy— están cargados, a la vez, de filosofía y de sentido humano; llanamente, de humanismo. Por eso tampoco puede Séneca en ellos defender la filosofía y descuidar las artes liberales.

El autor del epistolario cimienta su humanismo, como lo expresaba en la carta 41, en el binomio *razón–naturaleza,* que es para él irrompible. Y al explicar cómo debemos relacionarnos los hombres, basa su argumentación en que la naturaleza es la madre común de todos, porque ella nos ha engendrado; por esto mismo, nos ha hecho a todos parientes. Así que todos somos miembros de un mismo cuerpo o familia. Como refuerzo de sus ponderaciones, acude a un conocido verso que Terencio pone en boca de uno de sus personajes. Además, emplea una metáfora arquitectónica que ilustra lo que hoy llamamos solidaridad humana: las dovelas de un arco parecería que van a ceder y dar al traste con los equilibrios y con todo el edificio, pero no ceden, porque se aprietan y sujetan mutuamente.[109] La piezas de esa armonía de unos con otros la delinean acciones concretas: echar una mano al náufrago, enseñar el camino al desorientado, ofrecer pan al hambriento.[110]

> «He aquí otra cuestión: ¿cómo debe tratarse a los hombres?, ¿qué hacemos?, ¿qué preceptos damos? ¿Que ahorremos sangre humana? ¡Qué poquita cosa es no dañar a aquel a quien debes

---

[109]   Vienen a la mente inevitablemente las de los arcos del acueducto de Segovia: sin mortero, a hueso, llevan veinte siglos de apoyo mutuo. Y no se han caído. Ejemplo de *firmitas* de la arquitectura romana, tal como pedía Vitrubio. Si esa firmeza y cohesión mutuas unieran a los hombres, otro sería el rostro de la humanidad.

[110]   Las frases de Séneca nos hacen saltar espontáneamente a las que el cristianismo llama obras de misericordia.

favorecer! ¡Gran elogio merece en verdad si el hombre es apacible con el hombre! ¿Le daremos el precepto de que tienda la mano al náufrago, enseñe el camino al extraviado, que comparta su pan con el hambriento? ¿Por qué tengo que decirle todo lo que debe hacer y lo que tiene que evitar, cuando puedo en pocas palabras entregarle la siguiente fórmula del deber humano. [52] Todo lo que ves y a lo que se reduce lo humano y lo divino es esto: todos somos miembros de un gran cuerpo. La naturaleza nos ha dado a luz como parientes, pues nos ha engendrado de los mismos orígenes para los mismos fines. Ella nos ha inculcado el amor mutuo y nos ha hecho sociables. Ella estableció lo justo y lo injusto. Por principio suyo es más miserable dañar que ser herido; por mandato suyo, las manos deben estar preparadas para los que necesiten ayuda. Tengamos siempre en el corazón y en la boca aquel verso: "Soy hombre y nada de lo de lo humano lo considero ajeno."[111] Tengamos en común este principio: hemos nacido. Nuestra alianza es muy semejante al arco de piedra: caería si las piedras no se lo impidieran unas a otras; y por eso mismo se sostiene» (95,51-53).

La referencia ha sido larga; pero, de nuevo, nos deja otro retablo de sentido humano. Diríase que esas líneas van desglosando, y comentando a la vez, la sentencia «Homo sacra res homini», que ha esculpido números antes (95,33). Ese principio, junto a estos

---

[111] El sentido de ese hexámetro tan celebrado es en sí algo irónico. La frase la pronuncia Cremes, uno de los personajes de Publio Terencio en la comedia *Heautontimorumenos,* vv. 77-78. Menedemo, su compañero, le pregunta: «¿Tienes tanto tiempo libre como para ocuparte en asuntos ajenos que para nada te atañen?» (vv. 75-76); porque ve que Cremes, ya entrado en años, sigue todos los días trabajando sus campos, aun teniendo esclavos a los que podría encargar esa labor. Él prefiere labrar su campo para no dar más trabajo a sus siervos. Sobre el cariz irónico de ese hexámetro, comenta Morales Harley: «En la comedia, el verso tiene un carácter irónico, pues eso *humanum* que le interesa a Cremes no es sino la desgracia de Menedemo, la cual él cree poder solucionar, cuando no es ni siquiera capaz de enfrentar la suya propia. No obstante, el verso puede tener relevancia pragmática, al suponer, implícita, la concepción opuesta de lo *humanum,* esto es, la altura del espíritu» (MORALES HARLEY, R., Texto y contexto del *Heautontimoru-menos de Terencio,* en *Revista Pensamiento Actual* 30 [2018], p.176). Desde luego que Séneca ha interpretado el verso en el sentido positivo de la *humanitas,* como ya lo había hecho también antes CICERÓN: cf. COL, José J. del, *Terencio: Heautontimorumenos: https://juan23.edu.ar/delcol/pdf/terencio_heautontimorumenos.pdf.*

párrafos ahora recogidos, son una proclamación intemporal de la grandeza del hombre para el hombre y el sentido del verdadero altruismo. Manifiesto del perenne humanismo.

Está claro que el ideal senequista del hombre o su personal humanismo es el que alienta en la *Stoá*. Con todo, no deja de sorprender que Lucio Anneo separe tan tajantemente el humanismo que proclaman los estoicos del que se trasluce de las obras literarias latinas o griegas. El mismo filósofo acaba de citar un verso del gran comediógrafo Terencio. Por eso no parece tan legítimo asignar el humanismo al patrimonio, poco menos que exclusivo, de la filosofía, sin verlo también como esencial de las artes liberales, sobre todo en la literatura. En este asunto, la línea de demarcación entre aquella y estas es poco clara, y siempre hay influjo mutuo.

Otro tanto sucede con las *Tragedias* senequistas. Se sitúan en conexión temática y estilística con las letras griegas y los grandes autores del teatro. Eurípides ejerce especial influjo sobre la dramática senequista. Las ideas de los personajes no harán sino trasladar a la escena la esencia mitológica del drama griego e impregnarlo de espíritu y valores estoicos, que tan bien cuadraban con la portada moral del *vir Romanus*. Así que, para la elaboración de sus obras, Séneca bebe en las artes liberales griegas; o para concretar, en las letras de la Hélade. Ellas le ofrecen sus temas y buena parte de las sugerencias de construcción de sus tragedias.

Por lo que hace al *estilo* de nuestro escritor, hay que anotar que en sus cartas es más literario que filosófico. Rechaza el tono expositivo, del que sí se ha servido oportunamente en los tratados morales. Ese tono de diálogo y conversación llana con el destinatario hace que el epistolario tenga un especial encanto en la forma. Esto no deja de sorprender, pues el propósito de nuestro filósofo es iluminar la vida, no fomentar el estilo. Leemos, por ejemplo, en sus cartas:

> «Piensa qué vas a escribir, no el modo de hacerlo. Y esto mismo, no para que escribir, sino para sentirlo; de tal modo que lo que sientes lo imprimas más en ti y te lo marques como un sello» (115,1). «Debe procurarse no ser esclavo de las palabras, sino de su sentido» (9,20).

Con todo, en ese objetivo de perseguir más el fondo —*res*[112]— que la expresión —*verba*—, es tal su dominio de las letras, que va a exponer las ideas con un estilo acendrado, quizá aparentemente espontáneo y de conversación por escrito, pero más bien fruto de su destreza en las técnicas de la forma retórica y redaccional, Sabe aplicarlas con tanta espontaneidad y frescura, pero tan equilibradamente, que pasan poco menos que inadvertidas. Así el ropaje va a conferir vigor y nobleza al pensamiento, sin abrumarlo. Esto se advierte en algunos de los fragmentos del autor ya resaltados en este trabajo.

Aunque Séneca quiera insistir en la filosofía y manifieste desconsideración por las artes expresivas, no puede desenredarse de ellas que, agradecidas, le prestan adorno para hacer más eficaces sus doctrinas estoicas. Estamos ante otra de las no pocas contradicciones senequistas. En efecto, abundan en sus páginas las imágenes, las comparaciones,[113]

---

[112] «Aduéñate de la materia, que las palabras seguirán luego: *Rem tene, verba sequentur*» era un sentir de los escritores. La sentencia está tomada de los fragmentos que nos han llegado del tratado *De Rhetorica* (fragm. 15,1) de Marco Porcio Catón. Q. Horacio lo comentó en el *Arte Poética:* «Los escritos de Sócrates podrán mostrarte el argumento —*rem*—; y cuando lo tengas ante la vista, las palabras —*verba*— seguirán de buena gana a tal argumento» (HORACIO, Q.F., vv. 310-311). Ciertamente, parece que el poeta alude aquí más al pensamiento de Sócrates transmitido en los escritos de sus discípulos, sobre todo Platón. Sabemos que Sócrates no dejó, como tal, obra escrita.

[113] Explica que las comparaciones y las metáforas no sirven tanto de ornamento —como en los versos de los poetas—, cuanto de ayuda para facilitar nuestra comprensión. Algunos ejemplos: tenemos que vencer en la vida todos los obstáculos, como los *atletas,* que sufren un verdadero tormento tanto en las peleas como en los mismos entrenamientos: «Los atletas ¡cuántas heridas reciben en el rostro y en todo el cuerpo! Sin embargo, soportan todo tormento por el deseo de la gloria; y no padecen esto tan solo porque luchan, sino para poder luchar: el mismo entrenamiento es ya en sí un tormento. También nosotros venzamos todo; pues nuestro premio no es una corona, ni una palma, ni el sonido del flautista que pide silencio para la proclamación de nuestro nombre, sino la virtud y la firmeza de alma y la paz conseguida para nuestro futuro, si es que en algún combate hemos vencido de una vez la fortuna» (78,16). O la hermosa comparación —ya mencionada de paso en la introducción de este ensayo— de lo que es la *casa del filósofo:* allí uno se impregna de la filosofía, como quien se dora al sol, o se llena de buen olor en una perfumería: «El que se pone a tomar el sol se tostará, aunque no haya venido con ese propósito; los que se han sentado en una perfumería y se han detenido un poco más se llevan consigo el olor del lugar. Y los que han estado en la escuela de un filósofo es necesario que se lleven algo que incluso pueda ser de provecho a los indiferentes» (108,4). También el *prado* es sugerente: el filósofo y el filólogo extraen de un mismo texto enseñanzas diferentes, al igual que los animales buscan diversas utilidades en el mismo prado: el buey, la hierba; el perro, la liebre; la cigüeña, la lagartija (cf. 108,29).

las narraciones, las descripciones,[114] las anécdotas de personajes, de hechos. La frase que usa es ágil y frecuentemente de tono sentencial. Aun dominando las artes oratorias, raramente imita los períodos amplios; se desmarca voluntariamente de ellos, afirmando su personalidad propia en la forma. Prefiere la expresión sencilla, que nos acerca más al estilo hablado de su tiempo; y por cierto, al del nuestro, que también es acreedor de esa llaneza expresiva del cordobés. Pide él que el estilo no tenga mucho acicalamiento ni afectación en la forma, pues iría en desdoro de la sinceridad y disimularía tal vez alguna quiebra interna. Que no se asemeje a jóvenes tan remilgados como inconsistentes, que parecen haber salido de un estuche. La comparación es plástica y da que pensar, también hoy, como un retrato, casi en escorzo, de cierta juventud superficial.[115] El criterio de Séneca es que el estilo sea desbordamiento y reflejo del alma:

> «El estilo es el adorno del alma; si es pulido, acicalado y artificial, manifiesta que tampoco ella es sincera y tiene alguna quiebra. La afectación no es un ornato varonil» (115,2).

«El lenguaje de la verdad es sencillo», escribía en la carta 49,12, pidiendo la frase en préstamo a Eurípides.[116] Esa máxima puede sintetizar y caracterizar el modo de escribir de nuestro filósofo hispanorromano: solo el estilo es el adorno del alma cuando expresa sencillamente la verdad.

O, ¿cómo no?, la *navegación:* el filósofo que no vive lo que predica es un como un timonel borracho en medio de la tempestad (cf. 103,37).

[114] Por concretar este rasgo, señalo la hipotiposis detallada y curiosa que pergeña para describir el vicio de la *embriaguez* y del desolado panorama que contempla su portador: «Añade el desconocimiento de sí mismo, las palabras titubeantes y poco claras, los ojos perdidos, el paso errático, el mareo de la cabeza, los mismos techos que se mueven como si un remolino sacudiera toda la casa, el dolor de estómago cuando el vino fermenta y dilata las entrañas. Sin embargo, sea como sea, es tolerable mientras él tiene el control, pero ¿qué es lo que pasa cuando se ve abatido por el sueño y la que fue borrachera se convierte en indigestión?» (83,21). Truculenta y pormenorizada resulta, en cambio, la descripción de los *suplicios* a que se sometía a los ajusticiados (cf. 14,4-6). Y simpática la descripción de la algarabía —ya evocada al inicio de este trabajo— de *bañistas* y *pugilistas* que se oye en su casa de Bayas, situada encima de unos baños (cf. 56,1-2).

[115] «Conoces bien a esos jóvenes acicalados, resplandecientes por su barba y melena, salidos enteramente de un estuche: no esperes de ellos nada valeroso ni sólido» (115,2).

[116] EURÍPIDES, *Las Fenicias,* 469 (Ἁπλοῦς ὁ μῦθος τῆς ἀληθείας).

Su modo de escribir lo va aprendiendo poco a poco en los grandes autores latinos: Cicerón,[117] Salustio, Tito Livio, sobre todo. Cultivan ellos preferentemente un estilo que hace viva la expresión retórica o histórica. La inquietud más frecuente de estos literatos no es la de expresar doctrina filosófica, si es que exceptuamos quizá al Cicerón de los tratados, sino defender causas judiciales y narrar la historia de Roma. Van más a los hechos que a las ideas. El autor de la *Cartas a Lucilio* considera también la expresión de Fabiano Papirio, hombre de profundas ideas morales. Incluso pondera su estilo, poniendo por delante de él solo a tres escritores: Cicerón, Asinio Polión y Tito Livio. Ahora bien, en vivo contraste con Séneca, a Lucilio le ha decepcionado el estilo de Fabiano. El filósofo amigo le hará ver que no ha identificado con precisión que este moralista es un filósofo, no un literato al uso (cf. 100,1-2) y que, por lo mismo, su forma de expresión es sencilla, fluida y clara.

Se nota cómo nuestro autor va logrando poco a poco un estilo maduro muy personal: inquieto, ágil, expresivo, de frase corta. Todo esto lleva a la conclusión de que su forma literaria es muy trabajada,[118] aunque Lucilio o el lector de hoy apenas lo perciba y casi llegue a creer que Séneca escribía a vuela pluma. Con estas características puede decirse que se adelanta a su tiempo y que inaugura con mucha antelación el estilo actual de comunicación que es, en general, ágil, breve, directo e incisivo. Ese vehículo de expresión resulta muy adecuado para un pensamiento como el suyo: intuitivo, sugerente, imaginativo —muy del Mediodía de Hispania, ya entonces—; trazo y aliño aparentemente desordenados, pero siempre versátiles e incisivos; alejados, claro está, de la seca y técnica exposición académica. El de Córdoba ha sabido heñir una síntesis muy personal de los muchos autores que ha leído. Alaba el manejo del idioma latino que tiene Marco Tulio y su amplio registro de la lengua. Es verdad que ha aprendido mucho de

---

[117] Recomienda a Lucilio leer a Cicerón, y pondera su equilibrio en la hechura de los períodos, que son armoniosos, frente a la brusquedad de Asinio Polión, amigo de Virgilio y de Horacio (cf. 100,7).

[118] «Las palabras de Séneca son siempre algo más que correctas. Están trabajadas de manera que sean elegantes con una gracia severa y resuenen eufónicas sin empalago» (SOCAS F., *Séneca, cortesano y hombre de letras,* Fundación José Manuel Lara, Sevilla 2008, pg. 215).

él y recomienda a Lucilio su lectura. Pero prefiere no seguir su misma tesitura de períodos amplios y de cadencias simétricas y sonoras: la celebrada *concinnitas*. Esos recursos del gran orador, por muy frecuentes, pueden quizá terminar en la monotonía o en un efectismo teatral demasiado repetido y no siempre eficaz y vivaz, colindante en ocasiones con el artificio.[119] Que Lucio Anneo conociera la expresión de los literatos reseñados arriba no le llevó a encadenarse ni a ser poco menos que servil a ellos. Supo tomar lo que le parecía mejor de sus logros y los configuró con su personal talante. Por eso, cuando estimaba oportuna la solemnidad de corte ciceroniano no dudaba echar mano de ella.[120] Quintiliano, también hispanorromano, aunque del norte, no tomará la misma decisión del filósofo cordobés. Pertenecía a la siguiente generación, cuando el influjo estilístico de Séneca era ya poderoso en Roma, sobre todo entre los literatos jóvenes; pero tomó otro ramal y «reagrupó a los "clásicos", contra la influencia del español Séneca, y devolvió a la prosa latina un cierto grado de ciceronianismo.»[121]

Los maestros del estilo de Séneca siguen siendo ante todo los hombres literatos, más que los filósofos. Como se ha apuntado ya, él va a escribir su filosofía con una forma llena de viveza y tachonada de recursos literarios —tropos, figuras— aprendidos en los bancos de las escuelas de gramática y de retórica y enriquecidos con mucha lectura. Nuestro escritor no puede disimular, aunque lo quiera, su deuda con las artes liberales.

---

[119]   Hay que señalar, empero, que estas características del estilo de Cicerón se encuentran sobre todo en su oratoria; porque en los tratados y diálogos —no digamos ya en sus cartas— es más sencillo y coloquial. Los tratados de Séneca y el *Epistolario a Lucilio* se hallan más cercanos a la redacción de esos escritos que a las piezas oratorias del Arpinate.

[120]   El prefacio al libro III de las *Cuestiones naturales* da prueba de ese tono cargado de elevación con el que va dejando lecciones y consejos de vida. Un prontuario de siete principios para llevar una vida digna que afronte las incertidumbres de la fortuna. La pregunta inicial sobre cómo alcanzar una existencia así es ésta: «¿Qué es lo importante en los asuntos humanos?: *Quid praecipuum in rebus humanis est?*» (III, pref., 10), que luego se va concretando y desplegando concéntricamente en seis anáforas parecidas a esa interrogación de obertura: "Quid est praecipuum?" (lib.III, pref., nn. 11-16). Y ese código de conducta humana, ajustado al estoicismo, se encuentra en un libro de ciencias naturales, lo que parece más sorprendente aún.

[121]   Bayet, Jean, *Literatura latina*, Ariel, Barcelona 1966, pg. 388.

Acabo de aludir a sus múltiples lecturas. Estas ponen de manifiesto el universo cultural humanístico del filósofo. En las *Cartas
a Lucilio* son frecuentes las referencias y citas de poetas y escritores.
De los latinos, el que más figura es Virgilio, —«Vergilius noster»
(59,2), como hemos recordado ya que lo llamaba—; con más de
medio centenar de citas. Pero en la galería figuran también, por
ejemplo, Ovidio y Horacio. De los prosistas, sean oradores o historiadores, saca al campo de su epistolario, entre otros, a Cicerón
—¡no podía faltar!— y a Salustio. También figura el juicioso
Publilio Siro. Terencio, el sosegado compositor de comedias, sale
también al escenario senequista. Del horizonte griego cita —¿cómo
no?— a Homero en sus inmortales epopeyas. Eurípides también
aparece en su muestrario. Y tantos otros.

Este conjunto de literatos de diferentes géneros no hace sino
confirmar que Séneca tenía un poderoso bagaje humanístico,
adquirido en el estudio y manejo de los *liberalia studia*.

Si lanzamos luego la mirada a las *Tragedias,* es igualmente notorio el tributo que el trágico cordobés paga a las letras griegas, como
ya se indicaba.

Puede afirmarse, en conclusión, que los escritos de Séneca en
buena medida se basan en el acervo cultural que le facilitan los
estudios liberales. El *otium* del filósofo en sus villas, sobre todo en
la de la Vía Nomentana, frecuente y plácido retiro, se nutría de la
lectura de los grandes filósofos y literatos de Grecia y de Roma.[122]

---

[122] Hay que agradecer lo que algunas villas o fincas han favorecido a la cultura, a lo largo
de la historia. ¡Cómo no recordar la de Túsculo, adonde se retiraba Cicerón, inmortalizada
en el título de su obra *Disputas tusculanas!* Salustio se recogía en la situada al noroeste de
Roma, los llamados *Horti Sallustiani.* Juvenal poseía también una villa en Nomento. Este
poeta comentaba a un amigo suyo que se retiraba a ella porque en Roma no se podía ya ni
pensar ni dormir (cf. Carta a Sparso). Algo que le sucedía antes a Séneca. Y, cabalgando los
siglos, Fray Luis de León, uno de los mayores humanistas de nuestras letras, acudía a *La
Flecha,* finca cercana a Salamanca, donde los agustinos tenían una casa de descanso, hermo-
samente celebrada por el gran poeta en la *Oda a la vida retirada.* Sin esos remansos de paz,
estos personajes quizá no hubieran escrito varias de sus mejores obras.

Por eso se despierta aún más nuestra inquietud: ¿por qué tanto recelo del cordobés contra las artes liberales, cuando es mucho lo que le han ofrecido, y cuyas aportaciones tanto le han ayudado para la transmisión de su filosofía? ¿Piedras contra el propio tejado? Sabemos ya la causa: el academicismo retorcido que se enseñaba en no pocas escuelas, así como el esteticismo y rebuscamientos a que se abandonaban no pocos gramáticos y rétores. Pero no deja de sorprender la posición del filósofo. Porque también constata él esos mismos vicios de raíz en la enseñanza de la filosofía, sobre todo por los exagerados artificios de ciertas corrientes de la lógica y de la dialéctica. En cambio, no fustiga a la filosofía; más aún, la tiene como la disciplina de la excelencia y refugio del espíritu; y así resultara del análisis del siguiente capítulo de este trabajo. Pero las artes liberales o humanidades reciben, cuando menos, sus manifiestos desdenes.

2. UN BALANCE MÁS EQUILIBRADO

Una última cuestión que conviene plantearse sobre este tema: el trato que dio Séneca a las humanidades ¿fue siempre tan esquivo, por esos resabios que le traían los excesos apuntados? La respuesta puede dejarnos una visión más equilibrada en su conjunto.

Nos la va a ofrecer no el *Epistolario,* sino otro género de la obra senequista: las *Consolationes,* dentro de los diálogos o tratados. Escribe las tres durante su penoso destierro de Córcega. Pues bien, tanto en la dirigida a su madre como en la escrita para su amigo Polibio, el filósofo recomienda las letras literarias como consuelo del alma en las horas de aflicción. Helvia, su madre, estaba transida de dolor precisamente por el exilio de su hijo. Polibio ha perdido a su hermano, y se halla también traspasado por la pena. A ambos les abre los *liberalia studia* para encarar mejor esa situación. Huelga decir que el propio Séneca, en la desolación en que se encuentra, recomienda a otros las letras humanas como consoladoras porque él mismo las está experimentando como alivio en su dolor.

A su madre la conduce a las humanidades como destino de los que huyen de los azares de la fortuna. Son estos mismos los que tienen atrapado a hijo en la aridez del destierro. El capítulo 17 de la *Consolatio ad Helviam* es muy iluminador. Ofrece de antemano a su madre los resultados de ese amparo de las humanidades: le sanarán la herida y le arrancarán la tristeza. Por lo tanto, las humanidades son refugio y medicina de las roturas y pesadumbres del alma. Para su madre serán, a la par, protección del espíritu, consuelo e incluso deleite:

> «Te encamino adonde se han refugiado los que huyen de la fortuna: a los estudios liberales. Ellos sanarán tu herida. Ellos te arrancarán toda tristeza [...]. Ahora vuelve a ellos. Te mantendrán segura. Ellos te consolarán, ellos te deleitarán; ellos, si entran de buena fe en tu alma, nunca más penetrará en ella el dolor, nunca la preocupación, nunca el zarandeo vacío de la aflicción inútil. A ningún movimiento de estos se expondrá tu pecho, pues ya se habrá cerrado, desde tiempo atrás, a los demás vicios. Estos estudios son defensas segurísimas y las únicas que pueden sustraerte de la fortuna.»[123]

De las líneas que le escribe se colige que Helvia no se había dado antes convenientemente a estos estudios porque su esposo veía que a las mujeres que los cultivaban les servían más de aparatosa vanidad que de fomento de la sabiduría. Vicio este que, según lo analizado ya en la correspondencia senequista, también influía en el juicio negativo que él mismo tenía y en el desdén mostrado hacia los *studia liberalia*. El texto deja manifiestos los puntales que estas disciplinas ofrecen al espíritu atribulado: consuelo, deleite, barrera ante el dolor, huida de la preocupación y del zarandeo de la aflicción... Una corona de los frutos que producen. Para Séneca ya los están logrando en medio del destierro físico y moral de Córcega; para Helvia, de aplicarse a ellos, los obrarán igualmente en su desolación anímica.

---

[123] *Consolación a Helvia*, 17, 3-5. El elogio de los estudios liberales es patente. Y se hace más visible aún por la insistente anáfora y el políptoton de los párrafos con que machaca sus ideas: *Illo; illa...illa; ad illas; Illae... illae*». Un párrafo que es a la vez un muestrario del vivo estilo senequista y del generoso recurso a los tropos y figuras, tan característico de la retórica. Séneca se sirve aquí de ellos con cierto derroche, cuando en las cartas es proclive a censurar, al menos teóricamente, su abuso y aun su uso.

En la *Consolatio* a su amigo Polibio añade parecidas motivaciones que hacen recomendables ea studia. Porque en los tiempos de prosperidad aumentan la felicidad; y, en los de adversidad, disminuyen la calamidad, pues son defensa del alma contra el dolor, y consuelo cuando éste sobreviene. Siempre son el mayor adorno del hombre y fuente de consolación. De ahí la exhortación al amigo quebrantado: ahora es cuando más tiene que adentrarse y sumergirse más profundamente en el mar de esas disciplinas que él ya cultiva.[124] Le recomienda incluso prolongar con sus propios escritos la memoria de su hermano. El ingenio humano es más vivo y alarga con las letras el recuerdo de los fallecidos, mucho más de lo que pueden hacerlo los mármoles, los bronces, los monumentos. Lucio Anneo acude aquí al tópico de la inmortalidad del recuerdo acogido con frecuencia sobre todo por los poetas.[125] El mismo Séneca sentía ese hálito de inmortalidad que da a los venideros la memoria de las propias obras, como manifiesta a su amigo.[126] Así que los estudios liberales, singularmente la poesía,

---

[124]   «Nunc itaque te studiis tuis immerge altius» (SÉNECA, L.A., *Consolación a Polibio*, 18,1).

[125]   Por citar algunos: *Horacio* se goza de haber levantado con sus versos un monumento más duradero que el bronce: «He culminado un monumento más perenne que el bronce, más alto que la explanada real de las pirámides [de Egipto]; que ni la lluvia voraz ni el impotente aquilón va a poder derruir, ni la innumerable serie de años, ni el paso del tiempo» (HORACIO, Q.F., *Odas*, III,30,1-5). De esa consideración prorrumpe en este grito: «¡No moriré yo todo; y una gran parte de mí esquivará a Libitina [diosa de las exequias funerales]! ¡Siempre estaré creciendo renovado en la gloria venidera ...!» (*ib.* 6-8). Exclamación de ansia de inmortalidad. Y profecía cumplida, por todo lo que ha significado Horacio en las letras occidentales. También Ovidio, una generación posterior al poeta de Venusia, cantará la persistencia de la poesía (cf. OVIDIO, P., *Amores*, I,15,31-34). Casi al final de su gran obra poética —*Las Metamorfosis*—, exclamará, con imágenes y palabras inspiradas en el mismo Horacio: «He levantado ya una obra que ni la ira de Júpiter, ni el fuego, ni la espada, ni la voraz vejez podrán abolir» (OVIDIO, P., *Metamorfosis*, XV, 871-872). *Miguel de Unamuno* comentaría la exclamación del poeta venusiano y su significado en el soneto titulado con la frase de Horacio: *Non omnis moriar!* Luego, en el primer verso, el poeta y novelista vasco la traduce así: «¡No todo moriré!», para proclamar en el primer terceto el cumplimiento de esa profecía o de ese barrunto del poeta latino, pues «su poesía/ en nuestras mentes vive aún sonora» (UNAMUNO, M., de, *Rosario de sonetos líricos*, 84). No es otro el destino que el poeta afincado en Salamanca desea para sus escritos y su memoria.

[126]   «Lo que Epicuro pudo prometer a su amigo, esto mismo te lo prometo yo, Lucilio: tendré el reconocimiento de los venideros, y puedo lograr que, junto conmigo, otros nombres perduren en la luz» (21,5). La entonación del texto no carece de solemnidad. Veía Séneca en lontananza que con sus cartas —aun, en general, con sus obras— alcanzaría fama imborrable, y también el mismo Lucilio, el amigo destinatario de sus pliegos.

además de ser defensa —*munimenta animi*— en la adversidad, solaz y adorno del espíritu —*ornamenta homini*— son, para nuestro escritor, y casi todos los poetas también del presente, un augurio de inmortalidad en la fama —*monumenta memoriae*—.

Vale la pena seguir las pulsaciones humanísticas de la exhortación de Séneca a su amigo Polibio:

«Por lo que a ti respecta, no tienes que variar en nada tus costumbres, puesto que determinaste consagrarte a esos estudios que aumentan perfectamente la felicidad, tanto como fácilmente aminoran la adversidad. Ellos mismos constituyen el máximo ornamento y consuelo para el hombre. Ahora, por lo tanto, sumérgete más hondamente en tus estudios; ahora rodéate de ellos como de defensas del espíritu, para que por ninguna parte de ti halle entrada el dolor. Prolonga también la memoria de tu hermano con algún recuerdo de escritos tuyos. Esta es, en los aconteceres humanos, empresa singular, que no debe dañar el paso del tiempo ni consumir ninguna generación.»[127]

Tras seguir los párrafos de estas dos *Consolationes*, quedamos con una más equilibrada visión global del pensamiento de su autor sobre las artes liberales. El discernimiento seguido nos deja ante un balance sereno de estas disciplinas: Séneca no sólo las estima, sino que las emplea y recomienda. Si en las *Cartas a Lucilio* arroja sobre ellas tonos plomizos y negativos es, como se ha comentado en estas líneas, por haberse fijado preponderantemente en los abusos cometidos en su enseñanza y en el ejercicio de la expresión oral y escrita.

3. SENSIBILIDADES DE OTROS AUTORES SOBRE LOS ESTUDIOS LIBERALES

Conviene, a modo de comparación y de colofón de este capítulo, echar una mirada a otros autores latinos para cotejar las sensibilidades en torno a los *studia liberalia* o *studia humanitatis*. Serán

---

[127] *Consolación a Polibio*, 18,1.

de generaciones diferentes a las de Lucio Anneo. Me refiero en concreto a Cicerón y a Quintiliano. Uno anterior y otro posterior al filósofo: quizá esas circunstancias temporales enmarcan mejor el sentir de Séneca en el asunto.

¿Veían ellos estas disciplinas como ornamento del *vir bonus dicendi peritus* —en buena medida ideal humanístico del mundo romano marcado por el estoico Catón el Viejo[128]—, o más bien las consideraban óbice y estorbo por ser exageradas y supererogatorias?

A) CICERÓN (106-43 A. C.)

El gran orador latino, también cultivador adelantado de la filosofía en Roma, cimentó no poco en el ejercicio y destreza de las letras los numerosos éxitos de la tribuna. Por lo demás, los restantes escritos suyos rezuman conocimiento y uso de estas disciplinas. Él coincide al respecto con el Séneca de las *Consolationes*. Ve los *studia humanitatis* —así los llama[129]— como compañeros inseparables de camino y vademécum en los diferentes estadios y quehaceres de la vida; identidad que no suelen presentar las restantes disciplinas humanas. Son, como también recordaba el de Córdoba: refugio en la adversidad, amparo y deleite del espíritu:

> «Las demás [artes] no son propias de todos los tiempos, ni edades, ni lugares; en cambio, estos estudios alimentan la juventud, deleitan la vejez, adornan los acontecimientos favorables, proporcionan en los adversos refugio y solaz, alegran en casa, no estorban fuera, pasan la noche con nosotros, peregrinan y viven en el campo con nosotros.»[130]

Es significativo que estos elogios de las letras humanas los pronuncie en el discurso en que está defendiendo al poeta Arquías, que

---

[128] Motivaba a su hijo: «Orator est, Marce fili, vir bonus, dicendi peritus» (CATÓN, M. P., *De Rhetorica,* fragm. 15, 1).

[129] CICERÓN, M. Tulio, *En defensa del poeta Arquías,* 3.

[130] *Ib.*16.

fue uno de los maestros de su juventud en estas artes: «Veo que
él fue para mí principal mentor para elegir e introducirme en este
tipo de estudios.»[131]

Se advierte una misma vena de espíritu y de expresión entre el
concepto en que Cicerón tiene a las humanidades y el que Séneca
transmite a su madre y a su amigo Polibio, afligido y en pleno due-
lo por la muerte de su hermano: estos estudios salen al encuentro
de ambos como refugio y consuelo, e incluso deleite y paz en las
horas tristes de la vida.

b) Quintiliano (c.35-c.95)

El calagurritano Marco Fabio Quintiliano, una generación posterior a Séneca, puede ambientarnos también en el horizonte de las
disciplinas humanísticas. Ya se ha esclarecido aquí que, en la elaboración de su prosa, se sitúa en el extremo opuesto del columpio
donde está sentado el cordobés. Comprometido en devolver las
aguas del estilo al cauce sonoro y cadencioso de Marco Tulio —la
alabada *concinnitas*—, Quintiliano juzgó negativamente el estilo
entrecortado de Séneca, aunque es verdad que alababa su ingenio
y el influjo de su pensamiento, agradable más a la juventud que a
los eruditos.[132] El de Calahorra fue uno de los renombrados profesores de retórica de Roma, si no el más grande en su momento.
Excelente pedagogo, sin duda; tal vez la versión latina de lo que
representó Isócrates en el mundo griego. En su obra *Institución
Oratoria —La formación del orador—* inculca las letras literarias
como parte esencial de la enseñanza de la gramática, y recomienda que desde la infancia los alumnos lean a los poetas y oradores
tanto latinos como griegos. Concreta los nombres de Virgilio y
Homero. También inculca para esta fase de la educación las tragedias, los autores líricos y las comedias.[133] Pero, así mismo, subraya

---

[131] *Ib.*1.

[132] En la *Institución Oratoria*, X,1,129-130 puede seguirse el juicio de Quintiliano sobre
su connacional.

[133] Cf. Quintiliano, M.F., *Institución Oratoria*, I,8,5-7.

el aprendizaje de la geometría,[134] otra integrante de las artes liberales. El libro décimo es un recorrido sucinto por la literatura, sobre
todo latina, para recomendar la lectura, entre otros, de los épicos
Homero y Virgilio;[135] de Ennio, poeta historiador;[136] de Tibulo, en
el ramo de la elegía.[137] Recomienda a Horacio como lírico.[138]

El prolongado currículo de educación que él contempla para
el futuro orador incluye plenamente las artes liberales. Su cuadro
pedagógico de formación —*institutio;* παιδεία, entre los griegos—
pretende afianzar la *humanitas* («vir bonus») como base de la
retórica («dicendi peritus»). Como recompensa, el orador, una vez
formado, difundirá en sus discursos el sentido humano educador
de que él se ha imbuido en tal currículo.[139]

Se advierte en Quintiliano la importancia de las artes liberales
en la formación del niño y del joven. Y trata él en sus *Institución*
de delinear una enseñanza equilibrada de estas disciplinas, sin los
excesos que Séneca advertía en no pocos maestros de su tiempo.

---

[134]   Cf. *Ib.* I,10,34.

[135]   Cf. *Ib.* X,1,85-86.

[136]   Cf. *Ib.* X,1,88.

[137]   Cf. *Ib.* X,1,93.

[138]   Cf. *Ib.* X,1,96.

[139]   Puede ser iluminador a este respecto el artículo de SORIANO SANCHA , G., *Marco Fabio Quintiliano: la educación del ciudadano romano,* en *Iberia,* n° 9, 2006, p.107-124.

Capítulo V
La filosofía: refugio, elogio y nostalgia

La senda de las Cartas nos ha despejado el horizonte de Séneca sobre la filosofía y su relación con las artes liberales. Esa exploración de los territorios mutuos nos ha evidenciado que en el filósofo de Córdoba hay momentos en los que se producen chirridos entre una y otras, y no es del todo fácil la mutua armonía.

En este capítulo se va a poner de manifiesto, con más intensidad aún, que Lucio Anneo se inclina sin mucho disimulo hacia la filosofía, no obstante las consideraciones finales del capítulo anterior de este análisis; en él algunos fragmentos de las *Consolationes* dejaban mejor situadas las artes liberales. Aparecerán dentro de poco alusiones a la filosofía como refugio en la vida, también una nota de evocación del pasado y, por ende, una gota de inevitable nostalgia.

En este despliegue se verá necesariamente no poca relación con el capítulo primero de estas páginas, en que se conceptuaba qué es la filosofía para Séneca.

1. QUEHACER PERMANENTE

Uno de los consejos que Lucio Anneo da a su amigo es el de concebir la vida como filosofía. Así la ve y proyecta él. Vida y filosofía son convertibles. Eso, por supuesto, si se quiere llevar una vida auténtica que persiga el sumo bien, aspiración y meta obligada de nuestro obrar: «Mira al bien supremo, propósito de toda tu vida» (71,2). Sin esa finalidad bien definida, no puede ordenarse el mapa de cada uno de nuestros actos:

> «Cuantas veces quieras saber qué hay que rechazar o qué hay que pedir, mira al bien supremo como al propósito de toda tu vida. A él debe ajustarse todo lo que hagamos. No ordena cada cosa sino el que se ha propuesto el sumo bien de su vida» (*ib.*).

En el camino del existir seguirá luego el valor (*virtus*) y la decisión para aplicar las virtudes necesarias de cara a ese objetivo; pero el sumo bien debe alentar como meta y, a la vez, iluminar y fortalecer cada paso. En ese caminar nos van a asaltar las dificultades, va a haber tropiezos y resbalones; abandono de compañeros, o porque desisten o porque mueren... «La vida no es asunto melindroso» (107,2), concluye así el filósofo la advertencia a Lucilio de lo recia y áspera que es la vida.

En esta azarosa andadura nada sencilla, ¿quién nos va a guiar? La filosofía nos echará una mano. Lo sabemos bien. Más aún, la filosofía será una con la vida. Esto se traduce en lo que ya indicaba Aristóteles: hay que filosofar siempre e incluso se tiene que buscar especiales momentos de sosiego para este vital quehacer.[140] Nuestro filósofo lo expresa así:

> «No es que tengas que filosofar cuando estés desocupado, sino que tienes que desocuparte para filosofar.[141] Hay que mirar con indiferencia todo lo demás, a fin de aplicarnos a esta tarea para la que ningún tiempo es demasiado largo, incluso si la vida se alarga desde la infancia hasta los más prolongados términos de la existencia humana» (72,3).

---

[140]   «Si hay que filosofar, pongámonos a filosofar; si no hay que filosofar, también se tiene que filosofar. Así que, de todas todas, hay que filosofar. Según la traducción latina del texto griego: *Si philosophandum est, philosophandum est; si non philosophandum est, philosophandum est. Ergo omnino philosophandum est*» (Aristóteles, *Protréptico*, fr. 424).

[141]   La frase cobra más incisividad y viveza por la figura del retruécano.

2. EL REFUGIO DE LA FILOSOFÍA, SOBRE TODO EN MOMENTOS DIFÍCILES

Concebida así la vida, como camino lleno de incertidumbres, la filosofía, además de guía, es también refugio. Lucio Anneo alterna la metáfora del camino con la de la travesía, que también está llena de peligros. Antes de embarcarse, hay que tomar noticia de la mar que se va a cruzar, de sus riesgos e inconvenientes, pues al vivir estamos arrojados en un mar profundo y turbulento que nos zarandeará por doquier.[142] En el contexto de este segundo símil, podemos decir que la filosofía es el puerto de amparo. Cicerón, antes que nuestro pensador, veía la filosofía como refugio. y se servía ya de la metáfora del puerto al que él se acogía tras una agitada navegación por la vida. Subrayaba la filosofía como rumbo definido de su derrotero, y que no hubiera soportado tantos quebrantos «... si no se hubiese dirigido al puerto de la filosofía.»

Lucio Anneo tuvo, ¡el hombre!, sus azares y sus depresiones. ¿Es que va a ser entonces excepción cualquier filósofo —o, en general, cualquier persona— ante los meneos que trae la vida? En la carta 78 se lo confiesa a Lucilio. Todo parte de las noticias que le ha dado el amigo sobre su propia salud: Lucilio sufre constipados y fiebres crónicas. Y el escritor le hace la confidencia de que a él le ha pasado lo mismo desde la juventud. Entonces lo soportaba mejor, por el temple del cuerpo, pero ahora le han llegado una debilidad y delgadez muy acusadas. Y concluye revelándole sin tapujos que a punto ha estado de quitarse la vida (cf. 78,2).

Si bien las Epístolas Morales se datan en los últimos años de su vida, no parece que cuando desahoga su espíritu en estos términos haya surgido la conjura de Pisón contra Nerón. Sabemos que el emperador, sin claro fundamen σοφία to, implicó en ella a su antiguo preceptor. Lo más que se puede conjeturar es que éste llevara ya cierto tiempo barruntando desconfianza del que había sido su discípulo. Sabemos que, a la postre, Lucio Anneo no vio

---

[142] Cf. SÉNECA, L.A., *Consolación a Polibio*, IX,6. *Consolación a Marcia*, XVII (todo el capítulo).

otra salida que anticiparse con el suicidio, cuando vio que Nerón había determinado ya acabar con su vida.

En las circunstancias anteriores de tan precaria salud, ¿qué le impidió varias veces «romper» con su vida —«saepe impetum cepi abrumpendae vitae» (*ib.*)—, como lo expresa con cierto eufemismo? El primer motivo que enumera fue su padre anciano; el tercero, sus amigos (cf. 78,4). Y el segundo, posiblemente el más ponderado, la filosofía, que se suma en la columna del haber:

> «Nuestros estudios me dieron la salud. Doy en el haber de la filosofía el haberme levantado de tal estado y el haberme restablecido. A ella le debo la vida: ¡nada menos que eso!» (78,3).

«Illi vitam debeo et nihil illi minus debeo», acabamos de leer. Así de claro y de expreso. Si antes se indicaba que para el escritor de Córdoba la vida y la filosofía se intercambiaban, porque eran prácticamente la misma realidad, ahora se percibe mejor el alcance de aquella afirmación: la filosofía fue la vida de Séneca y la que le apartó de la muerte. Llama poderosamente la atención que solo cuando habla de este segundo motivo vital lo encarezca en esos términos, porque ni siquiera ha sido tan tajante al ponderar el de la amistad: pensaba que no debía morir y dejar a sus amigos en vida (cf. 78,4), pero no afirma que a ellos les debiera la vida.

Podría creerse que este reconocimiento de la filosofía se haya debido a esos achaques de la salud o de la vejez que la σοφία le ayudaba a iluminar y sobrellevar. Pero no, también en la juventud la había cultivado. Por lo tanto, reitera que ha sido una constante de su vida; más aún, subraya que se acercó a esta disciplina con más ímpetu en los años de la mocedad que en los de la vejez: «He empezado a exponerte con cuánto mayor entusiasmo me acerqué a la filosofía siendo joven que ahora que ya soy viejo» (108,17).

Por todo lo que la filosofía ha significado en su vida, pide y exige refugiarse en ella —«ad philosophiam ergo confugiendum est» (13,11)—, pues buenos y malos le reconocen una suerte de sacerdocio. En efecto, tiene ella —afirma con unción y emoción— carácter

102

sagrado, que exige veneración: «Sacrum quiddam est et venera-
bile» (65, 4). La *filosofía* abarca de este modo a la *teología,* o se
funden en una. Y, a la par, la filosofía se hace *liturgia.* Podría decirse, con arreglo a esto, que el filósofo es sacerdote de la sabiduría:
philosophiae sacerdos. Título atrevido, quizá, pero que a Séneca —es
de creer— no le desagradaría como propio.[143]

La progresión en las cartas es manifiesta: vida ⇢ filosofía; filosofía ⇢ teología; filosofía-teología ⇢ (elevadas a) liturgia o rito.
Los elementos de cada uno de esos binomios son, en realidad, inter-
cambiables recíprocamente.

De manera más directa exhorta a Lucilio a que se ampare en la
filosofía y se recoja en su seno con todas sus fuerzas, pues en ese
santuario se hallará al resguardo de cualquier acometida:

> «Retírate a la filosofía todo cuanto puedas: ella te protegerá en su
> regazo; y en su santuario estarás seguro o más seguro. No embisten
> entre sí sino los que van andando por el mismo camino» (103,4).

La filosofía tendrá para su amigo la acogida y ternura del regazo de
una madre —«Illa te sinu suo proteget», acaba de escribir—, y brin-
dará también seguro amparo religioso —*sagrario*— a su espíritu: «in
huius sacrario eris aut tutus aut tutior». Eso ha sido la filosofía para
Séneca: se le ha mostrado como madre y como sagrario. Ha colmado,
por tanto, sus anhelos humanos y religiosos más ardientes. Esa misma solicitud espera que le dispense a Lucilio y, en general, a todos
los que a ella acudan en busca de ayuda o socaire.

¡Ahí está la filosofía, convertida para él en consuelo y protección, y elevada a la cima sagrada de santuario![144]

---

[143] Viene ahora espontáneamente a la memoria el título sagrado que ya antes, en el campo
de la poesía, se adjudicaba el poeta Horacio, como sacerdote de las musas: «sacerdos musa-
rum» (HORACIO, Q.F., *Carmina* III,1,3).

[144] No solo para Séneca ha revestido esos atributos. Es bueno recordar también cómo,
en la historia de la filosofía, Severino Boecio (c.480-525) escribió el diálogo *De consolatione
philosophiae,* en el que se observa algún influjo de las *Consolationes* de Séneca. Lo compone
en la cárcel, adonde le han llevado acusado falsamente de un complot contra el rey Teodo-

3. LA FILOSOFÍA, ARQUITECTA DE LA SOCIEDAD

La sacralidad de la filosofía se debe, como cae por su peso, a que es un don de los dioses, como reconoce en el pórtico mismo de la carta nonagésima. Esa larga epístola es en sí un ensayo sobre la dignidad de la sabiduría y de la filosofía. Lucio Anneo, quien nos ha puesto en la senda de poderle llamar sacerdote de la sabiduría, se siente en esas líneas arrebatado por una suerte de emoción divina o *entusiasmo* (ἐνθουσιασμός), al entonar el elogio de la sabiduría y, por ende, de la filosofía.

Ya el capítulo primero de este trabajo reflejaba el puesto de honor que el pensador hispanorromano daba a la filosofía. Ahora recogeremos algunas consideraciones en esa misma línea, pero en tono de elogio evocador.

a) La filosofía como verdad de lo humano y lo divino

Queda ya dicho que el ámbito de la filosofía senequista busca el vivir bien; esto es, seguir lo que nos pide la naturaleza con arreglo a la lectura que de ella hace la razón. En ese ideal se cifra el sumo

---

rico. En sus páginas, la filosofía, personificada como noble señora, se le presenta y se ofrece a escuchar las causas de la aflicción que le embarga. Sobre todo, quiere ella consolarle como medicina del alma. Pone ante Boecio la mutabilidad de las cosas humanas; la providencia divina, frente al ciego destino y el fatalismo; la raíz interior de la felicidad del hombre auténtico, frente a la felicidad exterior y caduca de los malvados. Un mensaje de no débil sustrato estoico. Gracias al auxilio de la filosofía, Boecio va encontrando un sentido a su postración, y la afronta con esperanza. La belleza de sus páginas queda también ensalzada por el manejo excelente de la poética y de la prosa latinas, como si de un autor de la época clásica se tratara. En los dísticos latinos que mezcla con la prosa, parece revivirse el dolor de los *Tristes,* que Ovidio compuso en esa misma métrica. Escribió éste dicha obra cuando estaba desterrado y sumido también él en desolación, si bien por causas y lances amatorios; muy diferentes, por lo tanto, a los motivos del poeta y pensador cristiano. Señalaba *Benedicto XVI* hace años, comentando la vida de Severino Boecio: «Incluso en la cárcel, le queda la posibilidad de la oración, del diálogo con Aquel que nos salva. Al mismo tiempo, incluso en esta situación, conserva el sentido de la belleza de la cultura y recuerda la enseñanza de los grandes filósofos antiguos, griegos y romanos, como Platón, Aristóteles —a los que había comenzado a traducir del griego al latín—, Cicerón, Séneca y también poetas como Tibulo y Virgilio» (Benedicto XVI, *Audiencia general,* 12 de marzo de 2008).

bien. Y se traduce en encontrar, y luego conquistar, la *verdad* sobre las cosas divinas y las humanas. Ese es el fin de la religión, de la piedad, de la justicia y de todo el séquito de virtudes, trabadas debida y coherentemente entre sí (cf. 90,3). Todas las virtudes, divinas y humanas, gobernadas por la σοφία, por la filosofía.

La sabiduría, «maestra de los espíritus» —*animorum magistra*— (90,26), empezó su magisterio en las dimensiones esenciales del espíritu humano: hacia la divinidad y hacia la humanidad: «colere divina» (90,3), lo que entrañaba que el poder y la autoridad vienen de los dioses —«penes deos imperium esse» (*ib.*)—; y simultáneamente, «humana diligere», con la consecuencia necesaria de la sociedad y amistad humanas: «inter homines consortium» (*ib.*). Cuatro lecciones dejaba, pues, la sabiduría para la arquitectura vertical y horizontal de la sociedad. Arquitectura y estructura sólida, armónica y bella:

Religión-piedad (colere divina)	◁ ▷	Amistad (humana diligere)
△ ▽		△ ▽
Autoridad (imperium a diis)	◁ ▷	Sociedad (consortium inter homines)

B) INICIO DEL MAGISTERIO DE LA FILOSOFÍA

Esa educación de tan preclara maestra, ¿cuándo empezó para la humanidad? Séneca considera que no fue ni en la edad inculta —*o rude saeculum*— ni en la edad afortunada o dorada —*fortunata tempora*— (90,35-36), sino en la fase en que empezaron a introducirse subrepticiamente los vicios —«subrepentibus vitiis» (90,6)—, sobre todo el de la avaricia, que fue cuando los reinos degeneraron en tiranía. La avaricia, en efecto, fue la que desgarró la sociedad e inauguró en ella la pobreza (cf. 90,3). Entonces empezó a haber necesidad de legislación. Solón y los otros seis sabios establecieron con gran sabiduría las leyes de Atenas. En ese momento la sabiduría y la filosofía tuvieron que ejercer su magisterio, sirviéndose de legisladores sabios. Además de Solón, el autor del epistolario cita a Licurgo, el legislador de Esparta, y a otros legisladores griegos posteriores, como Zaleuco y Carondas (cf. 90, 6).

4. LA EDAD DORADA O SIGLO DE ORO Y LA FILOSOFÍA

Séneca, en la caracterización de las edades, está siguiendo al filósofo estoico griego Posidonio (c.135-c.51 a.C.) e implícitamente a Hesíodo.[145] Las tres épocas que contempla son las siguientes:

A) LA EDAD PRIMERA O *RUDE SAECULUM*

En esa generación todavía tosca y burda —«illo rudi saeculo» (90,35)— faltaban aún las destrezas artesanas; eran la necesidad y la experiencia las que daban con lo útil. Sus habitantes seguían la naturaleza, y tenían en una misma persona a su caudillo y a su ley, confiados en el juicio del mejor. Nuestro filósofo no está de acuerdo con todos los planteamientos de Posidonio. Pensaba éste que había sido la filosofía la introductora de las artes y oficios de la vida, sobre todo de la construcción. Lucio Anneo, en su visión positiva y algo idealista de la filosofía, rechaza la teoría de este estoico griego (cf. 90,7), pues el arte de construir lleva aneja la propiedad —por lo tanto, la avaricia, la envidia— y el riesgo de que se derrumben los edificios, por lo que encierra un posible mal para la humanidad. Así que, para él, la filosofía no puede haber enseñado a los hombres a tener la llave y la cerradura de sus casas ni a levantar tejados que amenazan desplomarse sobre sus moradores. Contar con la llave de la propia casa era abrir la puerta a la avaricia y a la envidia; levantar tejados peligrosos era amenazar a los demás. Está claro, pues, que en aquella edad rudimentaria la filosofía no existía aún, ni podía estar detrás de los arquitectos y albañiles; ni los hubo en esa época (cf. 90,8).

---

[145] Cf. Hesíodo, *Los Trabajos y los Días*, vv. 106-173, donde describe las cinco edades humanas, comenzando por la de oro (vv. 106-126).

B) LA EDAD DE ORO O LOS *FORTUNATA TEMPORA*

No se alcanza a percibir en las líneas del filósofo la transición de esas generaciones rudas de la edad primitiva a esta segunda edad o *saeculum aureum*. Más bien, sus fronteras parecen solaparse, difuminarse y hasta fundirse. Para describir estos tiempos dichosos, Séneca echa mano de los recursos de la imaginación y de la belleza del estilo. Se introduce espontáneamente entre los poetas, que son los que más han desplegado y elogiado en sus versos los tiempos áureos legendarios. Y poco menos que los emula, comenzando por Virgilio,[146] a quien cita expresamente (cf. 90,37).

Es verdad que cae en el tópico de la *aetas aurea,* pero no está de más recoger sucintamente los rasgos que con talante propio deja de ella en un elevado y largo elogio cargado de lirismo (cf. 90, 38-46). Todos en aquella sazón gozaban de la naturaleza, sin que hubiera propiedad. La naturaleza era madre y protectora común —«ella era suficiente, como madre y amparo de todos» (90,38)—. La tierra era fecunda, sin ser labrada, y se mostraba generosa para las gentes, que no la saqueaban. Todo se poseía en concordia; a ninguno le sobraba ni le faltaba nada: «Y a nadie le podía sobrar o faltar, porque se repartía todo en mutua concordia» (90,40). El más fuerte no había ejercido su poder sobre el más débil; por eso, tal vez, las armas no habían hecho aún su horrible comparecencia en la historia, sino para matar a las fieras (cf. 90,41). Pasaban el día protegidos del sol en la selva o en un cobertizo de ramas; la noche, al cielo raso; con el espectáculo de la variada bóveda del firmamento, que no podía menos de complacerles entre tan variados prodigios[147] (cf. 90,43). La naturaleza brillaba entonces impoluta, incontaminada: aire, fuentes...; ríos que discurrían espontáneamente, sin cauces humanos; prados hermosos...

Los moradores de entonces no buscaban el oro, ni la plata, ni las piedras preciosas (cf. 90,45). Efectivamente no ansiaban el oro. Y,

---

[146] VIRGILIO, P. M., *Geórgicas,* I,125-128.

[147] *«Quidni iuvaret vagari inter tam late sparsa miracula?:* ¿por qué no habría de agradar vagar entre prodigios tan anchamente esparcidos?» (90,43), exclama Séneca, con pregunta que, aunque retórica, añade carga de emoción.

con todo, ¡llamamos dorado a aquel siglo! —como recordará don Quijote en el famoso discurso a los cabreros[148]—, no por ese metal tan codiciado, sino por el brillo dorado de las virtudes y valores que entonces resplandecían.

Esa era su casa, la naturaleza. Ésta era la agradable y acogedora casa común: «Esta era la casa según la naturaleza, en la que agradaba habitar» (90,43).

En otras dimensiones, el escritor apunta a la moralidad de estos hombres: todavía no se había derramado sangre de otro hombre. Eran inocentes por ignorancia, y aún no habían cometido delitos, porque todavía ignoraban qué era pecar: «Eran inocentes por su ignorancia, pero hay mucha diferencia entre no querer pecar y no saber pecar» (90,46). Lucio Anneo, en su transporte de idealismo, poco menos que diviniza a aquellos seres primitivos.[149]

Al abandonarse en alas de estas evocaciones, no pierde del todo el contacto con la tierra de la Roma en que vive. Jaspea, por eso, los recuerdos de aquella edad con aterrizajes o escalas en la sociedad de su época. Esas comparaciones, por un lado, hacen más incisivo el contraste del pasado —el *entonces*— con el presente —el *ahora*—; por otro, avivan la amargura de aquel bien perdido para siempre.

---

[148] CERVANTES, Miguel, de, *El ingenioso hidalgo don Quijote de la Mancha*, I,11. A don Quijote, como a aquellos hombres sencillos de antaño, le basta tener en la mano un elemental puñado de bellotas para deshacerse en pregonar la austera grandeza de la dichosa edad de los antepasados.

[149] Esa recreación, sin duda idealista y nunca conocida en la historia real, ha ejercido siempre su hechizo sobre la humanidad, muy posiblemente porque bosqueja en sus pinturas la nostalgia del ser humano al soñar con la bondad y la belleza puras, al imaginar lo que quisiera y debiera ser, cuando tantas veces el mundo de aquí es un claro rompimiento o deterioro de aquel paisaje de los hombres y de la naturaleza. Pero quizá sea siempre necesario para el espíritu del hombre volver continuamente a soñar, generación tras generación, en aquella aetas aurea, como acicate para mejorar los desajustes constantes de la historia o incluso para no pensar en ellos, siquiera unos instantes, y que pueda descansar el espíritu en medio de tantos quebrantos. Se pueden establecer líneas de conexión entre la descripción senequista de tales hombres inocentes y buenos y el *Émile* de Jean-Jacques Rousseau. Esta novela preconiza la bondad natural del hombre; solo que nuestro filósofo estoico no se abandona mucho tiempo a un universo de encantos; acepta, más bien, que el mal ha desgarrado el maravilloso tapiz de la naturaleza. Por eso el hombre, desde su niñez, necesita la educación exigente en las virtudes para superar los vicios.

El vaivén *tunc-nunc* como lo va desgranando líricamente Séneca es envolvente y sobrecogedor. El *tunc* era el ápice mismo e insuperable de la felicidad: «Quid hominum illo genere felicius?» (90,38). Ahora, cuando estamos bajo el imperio de la avaricia, ningún esfuerzo por ensanchar las propias fincas y tierras nos devolverá a aquel estadio de *entonces* del que nos apartamos: conquistaremos tal vez el mucho, cuando en aquella edad el hombre tenía el *todo*. La antítesis, más cortante aún por el asíndeton, da que pensar: «Cuando hayamos hecho todo, tendremos mucho —*multum*—; pero es que entonces lo teníamos todo —*universum*—» (90,39). En cierto sentido, todo el afán de hoy debe ser querer acercarnos a aquella meta del pasado, aunque sepamos de antemano que nuestros desvelos vayan encaminados a un sueño imposible.

Aquellos vivían al raso, dormían en la dura tierra o se protegían del sol en elementales cobertizos; a nosotros, aun entre la púrpura, nos acecha la inquietud (cf. 90,41). Si ellos tenían por bóveda nocturna el firmamento, nosotros nos inquietamos por el ruido de nuestros techos saturados de frescos decorativos (cf. 90,43). Aquellos no se preocupaban, como hoy —comenta el escritor—, por trasladar estrepitosamente por las calles de Roma pinos o abetos que luego formarían el artesonado de grandes comedores. Para aquellos hombres, unos cuantos troncos de madera eran el soporte de su cabaña (cf. 90,9).

Esas líneas sobre la edad dorada, tan llenas de entonación y de antítesis, no solo arrebatan al filósofo hispanorromano a aquellos tiempos envidiables, sino a nosotros con él. Lirismo, idealismo, sí. Pero no sientan mal esas ensoñaciones, en las que el espíritu humano se encuentra con lo mejor de sí.

Tenemos que ser, empero, también realistas, a fuer de idealistas por momentos. Lucio Anneo, sumido en el sueño de pasado, aterriza en la realidad dos o tres veces y deja la región de la edad de oro para sacar lecciones útiles a sus contemporáneos. También podemos y debemos hacerlo nosotros. Esa edad dichosa y esos tiempos afortunados, especie de *Paraíso Perdido* —por tomar la imagen bíblica y la obra de John Milton— la sigue constantemente prometiendo el hombre a los demás. No pocas ideologías han tratado de engatusar

109

a la sociedad con paraísos así: cientificismo positivista ensalzado, socialismo comunista, nazismo... Pero si se introducen la avaricia, la envidia, el odio, para suplantar la concordia y la armonía entre todos, es imposible tomar algún rastro seguro e imitable de los ideales de los austeros y felices antepasados. Precisamente fue la avaricia la que desbarató la supuesta edad dorada: «La avaricia irrumpió en aquella realidad tan bien dispuesta [...]. La avaricia introdujo la pobreza y, al desear muchas cosas, perdió todas» (90,38).

Ese canto a aquella generación en que la naturaleza era limpia, trasparente, ajena a toda contaminación, porque se la respetaba en las condiciones ambientales y en las relaciones con los demás, sigue ejerciendo su hechizo hoy. Las pulsaciones nostálgicas del escritor, vivificadas por la narración y la descripción de su estilo poético, nos trasladan a ideales poco menos que soñados, para luego topar con nuestro planeta, en el que hay contaminación de mares, de ríos, de aire... Hoy, cuando más se habla de la ecología, es quizá cuando más se está dañando la naturaleza. Los hombres de aquella edad no se preocupaban por algo que respetaban; y a fe que no conocían frases sonoras como las de respeto del medioambiente, de la ecología o del ecosistema. La casa de aquellos era sana y daba gusto vivir en ella (cf. 90,43),[150] como ha recordado ya aguas arriba nuestro filósofo, metido a poeta en prosa. La que hemos dado hoy en llamar *nuestra casa común* no parece mostrar esa misma salud. Peor aún, quizá, a la contaminación ambiental —a veces quizá exagerada ideológicamente por los medios de comunicación— hay que añadir la corrupción de los espíritus y de las conciencias, no tan recordada por dichos medios, pero mucho peor que la ambiental. Por eso este sueño y traslado a aquella edad ideal sigue teniendo actualidad y es muy pedagógico para nuestro siglo, cuando se quiere, con toda razón, respetar la naturaleza y el equilibrio ecológico; ojalá sea sin dejarse atrapar de ideologías interesadas, autoritarias y aun a veces totalitarias.

Por otro lado, las ansias de fraternidad y concordia entre todos los hombres —tan soñadas y anheladas siempre, como nunca conseguidas

---

[150] «*Haec erat secundum naturam domus, in qua libebat habitare:* esta era la casa según la naturaleza; era agradable vivir en ella».

del todo— tienen en aquella edad áurea un ideal inspirador por el que trabajar: «Todo era paz entonces, todo amistad, todo concordia», como caracterizaba el manchego don Quijote aquellos tiempos dorados,[151] acercándose no poco a las palabras del filósofo andaluz.

Apunta el filósofo que las cantadas cimas doradas, si bien inalcanzables, son siempre deseables y perseguibles en la historia humana. No puede disimular el dejo de nostalgia por aquella edad *perdida*, quizá porque solo ha existido en la mente colectiva como un deseo de lo mejor que puede lograr el espíritu humano:

> «Nadie contemplará ya más otro estadio del género humano así, y si dios permite a alguien organizar las cosas terrenas y dar costumbres a los pueblos, no dará por bueno otro estado que el que se recuerda que existió entre aquellos hombres» (90,37).

c) La filosofía y el Siglo de Oro

Ha señalado ya el autor que la filosofía no tenía acomodo en esta edad gloriosa ni en los precedentes tiempos elementales. Surge la inquietud de averiguar el porqué de esta exclusión.

Nuestro filósofo deja ver claramente que en la etapa ruda o primitiva no se daba, porque las cosas se aprendían con el uso o la costumbre (cf. 90,35). De aquí que no pueda situar la filosofía, como saber sistemático, entre los dones de que gozaba la edad dorada. La considera, en cambio, adecuada e idónea para la edad siguiente a la de oro: la época de los grandes espíritus que fraguaron las leyes.

---

[151] CERVANTES, Miguel, de, *Don Quijote de la Mancha*, I,11. Es el ya apuntado y celebérrimo discurso a los cabreros. Hasta se puede decir que las metas de las grandes revoluciones liberales o proletarias de los últimos siglos han soñado para la humanidad los ideales de aquellos deseados tiempos de armonía. *Libertad, igualdad, fraternidad*, quería la Revolución Francesa. Otra cosa es que esos ideales, que pretendía alcanzar al corregir los abusos de la monarquía, hayan ocasionado, a la postre, violencia, injusticia, destrucción y derramamiento de sangre mucho mayores. *Paz, amistad, concordia*: se antoja que en esta tríada el caballero de la Mancha —o Cervantes por él— escogió iguales o mejores ideales que los mismos revolucionarios de 1789.

En los *fortunata* tempora de la época dorada, puede decirse que imperaba la sabiduría de los dirigentes del momento, por más que tal *sapientia* fuera de experiencia, de tradiciones generacionales y no estuviera aún codificada o tan reflexionada como para ser filosofía. Los guías de aquella sociedad eran sabios en la experiencia de la vida, aunque no filósofos de título y vitola. Es lo que viene a afirmar Séneca, si bien con cierta ambigüedad de palabras: no eran sabios, pero practicaban lo que para los sabios era obligado llevar a cumplimiento (90,36).[152] Si se atiene uno a la complicada y sutil distinción entre sabiduría y filosofía apuntada en el primer capítulo de estas páginas, podría decirse que en aquella edad afortunada regía la sabiduría, no la filosofía; los sabios, no los filósofos. Y con tal sapientia o σοφία se daba con la verdad y armonía de las cosas divinas y humanas, de que hablaba el escritor en el comienzo de esta carta (cf. 90,3). Esa sabiduría lograba así el bien común de la sociedad.

De estos frutos de la sabiduría, que son el germen y nervio de la filosofía posterior, habla Lucio Anneo en cuatro párrafos (cf. 90,26-29). Se trata de un verdadero himno, aunque sea en prosa, a la *sapientia*. En él, a la par del elogio, se van desgranando sus frutos y beneficios. La entonación es elevada, acorde con la excelencia de la «animorum magistra», pues este himno se lo dirige a la sabiduría uno de sus discípulos más sobresalientes, sacerdote de la sabiduría o de la filosofía, como se prefiera:

«La sabiduría se asienta en lo más elevado y no adiestra las manos, pues es maestra de las almas. ¿Quieres saber qué ha sacado a la luz, qué ha logrado? No los graciosos movimientos del cuerpo ni los variados cantos de trompeta o de flauta, con los que el aire, al entrar o al salir, modula una como voz. Ni las armas, ni los muros, ni instrumentos de guerra. Fomenta, en cambio, la paz y llama al género humano a la concordia...» (90,26 y ss.).[153]

---

[152] «Non erant illi sapientes viri, etiam si faciebant facienda sapientibus».

[153] Por cierto, alude aquí al fomento de la *paz* y de la *concordia,* dos componentes de la tríada que Cervantes puso en boca de su protagonista como síntesis de aquella edad.

5. UN FILÓSOFO EVOCANDO LA EDAD DE ORO

Los poetas han sido los grandes cantores de los tiempos dorados. Hesíodo[154] fue el primer evocador de aquel período mítico. En los versos latinos son sobre todo Virgilio[155] y Ovidio[156] los entonadores de esa edad. En la prosa corresponde a Salustio loar con acentos épicos aquella *gens aurea* forjadora de Roma, que él hace coincidir, en general, con la monarquía. Fue este —escribe el historiador— el primer sistema de gobierno en la tierra y que logró la armonía y concordia: la vida se desarrollaba entonces sin avaricia —esa gran atentadora contra la concordia, como constatará el mismo Séneca—, pues cada uno hacía su parte.[157]

Lo que llama poderosamente ahora la atención es que un filósofo, y además de la escuela estoica, desarrolle también el tópico de la *aetas aurea*, coto poco menos que privado de los poetas o, a lo mucho, también de los historiadores. Además, no solo lo hace en la carta 90 de las dirigidas a Lucilio, sino en las *Cuestiones naturales*. Sorprende que en este libro el autor se sumerja en la edad de oro, simple e inesperadamente, al desarrollar el tema de los espejos.[158] Al inquieto filósofo cordobés, como a otros en la antigüedad, le cautiva el enigma de estos objetos: qué ha pretendido la naturaleza al querer que se contemplaran no solo los cuerpos reales, sino las imágenes; y éstas, por cierto, de manera invertida. La naturaleza no buscaba con este artilugio la vanidad de los hombres, sino que deseaba mostrarnos el sol en una superficie mate, para que lo pudiésemos mirar sin daño, y también contemplar el rostro de la luna. Además, ofrecía la imagen de cada quien en el metal de las

---

[154] Cf. HESÍODO, *Los trabajos y los días,* vv. 109-120.

[155] Tanto en las *Geórgicas,* I,125-128, como en las *Églogas* (cf. toda la enigmática y subyugadora égloga IV, que vaticina y pregona el retorno de la edad de oro).

[156] Cf. OVIDIO, P. N., *Metamorfosis,* I,89-113.

[157] «Al inicio, los reyes –pues este fue el primer nombre de los que tenían el mando– ejercitaban, de modo diferente, unos el ingenio, otros el cuerpo, según el ingenio de cada uno. Aún entonces la vida de los hombres transcurría sin codicia, y se sentía contento cada uno con su suerte» (SALUSTIO, C., *Conjuración de Catilina,* I, 2).

[158] SÉNECA, L.A., *Cuestiones naturales,* cf. I,17.

copas, en el bronce; hasta que al final se fabricó un círculo reflejante donde mirarse. De ahí toma pie el de Córdoba para elogiar aquella edad en que la casualidad mostró la propia imagen a cada uno: en una fuente, en una piedra pulida.

> «Aquella edad, tan sencilla y contenta con su suerte, todavía no alteraba los bienes en vicios, ni arrebataba los hallazgos de la naturaleza para convertirlos en sensualidad y lujo.»[159]

Se indicaba antes que no era de esperar que Lucio Anneo desarrollara esta contemplación de la edad dorada en la prosa de una carta, cuando podría haber reservado ese tema para sus versos, más idóneos a la exaltación y la añoranza, el ditirambo y la elegía. Tal vez algún personaje de sus tragedias hubiera desgarrado su dolor presente, sirviéndose de los versos de un monólogo, para ampararse en la nostalgia de aquellos tiempos dorados. Pero no, el escritor ha preferido el tapiz ordinario de una carta. Y al meditar en la grandeza de la filosofía, ha evocado ante Lucilio aquellos tiempos de sabiduría cristalina, de paz y de concordia universales. Posiblemente haya hecho esa elección siguiendo al filósofo Posidonio (cf. 90,5), que desarrollaba su pensamiento en prosa.

El canto de Séneca se ensancha curiosamente aún más al compás de la evolución de los espejos, que marca la pauta de una vida cada vez más muelle: aquellos hombres se lavaban en los ríos el sudor y la suciedad, y con igual sencillez cada uno se dejaba el cabello suelto, sin afeite ni ornato, a modo de crin de caballo. En dichos cuidados se bastaba cada uno, hasta sin ayuda de la propia esposa. Luego se introdujeron los espejos de plata, oro y piedras preciosas: uno solo de ellos podía costar más que la dote de una mujer dada en matrimonio.[160] Los espejos también abrieron la puerta a la lascivia.[161] Y, como puede colegirse, vinieron simultáneamente los baños, las preocupaciones por los afeites del cuerpo, hasta el punto de que todo lo que era antes ajuar y ornato femenino es también ya bagaje masculino, incluso de los hombres militares —estigmatiza el discípulo del austero Zenón—.

---

[159] *Ib.* I,17,5.

[160] *Ib.* cf. 17,7-8.

[161] Caso del lujurioso Hostio Cuadra, cf. *ib.* I,16.

El decoro sencillo de los hombres recios de antaño se ha transformado en refinamiento y se ha deslizado al afeminamiento del presente.

¡La edad dorada! La frecuente reviviscencia de un pasado que ni Lucio Anneo, ni los citados Ovidio y Virgilio, ni el mismo Hesíodo, pueden datar o localizar. El perenne ensueño de la humanidad que mantiene un ideal de lo mejor de sí misma, aunque nadie asegura ni el lugar ni el tiempo donde haya podido existir, caso de haberse dado. Ideal utópico y ucrónico, pero siempre cautivador y espoleador de las letras y del espíritu humano.[162] Más que haberse ya dado, está siempre como meta humana por conquistar o, simplemente, como se apuntaba, imposible en sí de lograr. Poetas, escritores y artistas vuelven así a lo mejor del espíritu humano que, por no haber existido nunca plenamente, siempre quiere realizarse.

Séneca toma tierra de nuevo. En las citadas *Cuestiones naturales* escribe que, de la edad dorada en que regía la sapientia, se ha venido a parar a la decadencia progresiva actual de las costumbres, tiranizada por el lujo y la confusión, que hacen todo *indiscretum;* esto es, privado de discreción o discernimiento: «Avanzó poco a poco hacia lo peor.»[163] En el análisis senequista, ha sido el espejo el que ha marcado el vicio y el ritmo de todos esos deterioros y de tal decadencia: «Se ha convertido en necesario para todos los vicios.»[164] Querría el autor, en cambio, que su generación, sin duda

---

[162] Dentro del campo de la revelación divina, la página bíblica del Edén es posiblemente la que mejor nos sitúa en ese paraíso dorado, del que el hombre salió por causa de la soberbia y de la avaricia. Serán luego los profetas, sobre todo Isaías, quienes asocien la segunda edad dorada, superior a la primera, con el futuro nacimiento del Mesías (cf. *Is* c. 11), que va a traer la armonía del hombre con el hombre y del hombre con la creación. Los ángeles mismos entonarán el himno de la paz universal portada por el nacimiento de Mesías (cf. *Lc* 2,14). De ahí, tras la resurrección de Cristo, se esperará en la Sagrada Escritura la tercera y eterna edad dorada, la de los cielos nuevos y la tierra nueva, que ya no tendrá fin (cf. *Ap* cc. 21 y 22).

[163] *Ib.* 17, 10.

[164] *Ib.* 17, 8. El escalonamiento de ese proceso («*processit*», ha escrito Séneca) y el avance de la decadencia trazados por el autor son vivos y, por desgracia, perfectamente acoplados a buena parte de nuestra sociedad: «En efecto, el lujo avanzó poco a poco hacia una situación peor, invitada por las riquezas, y los vicios tomaron inmenso auge. A tal extremo se hallan confundidas todas las cosas para las más diversas artes, que lo que se llamaba ornato femenino es ya equipaje masculino; me refiero a todos, incluso a los militares. Ya ahora el espejo

ya decadente, tomara la imagen de aquella *gens aurea* y se mirase
—¡ahora sí!— en tal espejo de virtudes, para arreglarse, rehacerse
y hasta engalanarse, saliendo de su postración.

Una nota final. Nuestro filósofo, sea en las cartas, sea en las
Cuestiones naturales, evoca la sapientia de aquellos *fortunata tempora* con emoción. Era una sabiduría prefilosófica, tal vez, pero
cargada de vitalidad y de frutos. El enjuto estoico cordobés se da
a esas remembranzas con tal lirismo y elevación literarias que no
van a la zaga de los empleados por los poetas.

Efectivamente, en este decorado de los tiempos gloriosos, el
filósofo y el humanista hispanorromano deja a las claras su manejo de las letras. Son ellas su fuerte para comunicarnos su filosofía;
a despecho y hasta en contradicción con la visión tan crítica que
ha proyectado a veces sobre las artes liberales en sus cartas. Su filosofía se vería menos lograda, si no fuera merced a su atrayente y
envolvente estilo, como hemos comprobado. De ese modo cautiva
no sólo a Lucilio, sino, en él, a la posteridad.

---

se usa solo para arreglarse. Se ha convertido en necesario para todos los vicios» (*Ib.* 17, 10).
Este fragmento senequista parece traer a la mente las líneas últimas del prefacio que Tito
Livio puso a su *Historia de Roma desde su fundación* (*Ab Urbe Condita Libri*). Allí, con
estilo igualmente solemne y vivo, lleno de contrastes, sintetizaba también, un siglo antes que
Séneca, los pasos de la decadencia romana. Ya se ha aludido a que el historiador Salustio, una
generación anterior a Livio, rememoró así mismo la edad gloriosa.

Conclusión

Ha terminado nuestro rato de ocio con Séneca en su querida finca de Nomento. Le hemos preguntado, al calor de las *Cartas* al amigo Lucilio, qué entiende él por filosofía. Nos ha dado la respuesta que constituye la vocación de su vida: la búsqueda de la sabiduría para andar según la naturaleza y la virtud. Lucio Anneo es, a no dudarlo, un filósofo con los pies en la tierra; y con las ideas sembradas en ella, para que sean fecundas en sus contemporáneos y —como también admite— posiblemente en algunos de los venideros. Para él la filosofía es la más excelsa de las disciplinas humanas. Y bien se está.

Pero, al repasar sus variadas epístolas, nos ha sorprendido que la postura del filósofo hispanorromano ante las humanidades —*studia liberalia*— sea sesgada. Se lo hemos preguntado. Nos ha respondido que lo primero es lo primero: que la filosofía es la ciencia de las ciencias, porque conoce lo divino y lo humano —«sapientia est nosse divina et humana» (89,5 y cf. 88,35). Rotundo él en esa afirmación y en la ponderación exaltada de la filosofía, no nos ha dejado resquicio para aclararnos con total profundidad y detalle las razones de su desdén hacia las humanidades. Verdad es que en el epistolario hemos encontrado y analizado algunas causas que motivaban sus prejuicios, pero se nos antojan poco consistentes.

Salidos de su hermosa villa, nos hemos quedado muy pensativos y algo descorazonados. Tras dar vueltas a la charla mantenida, hemos llegado a la conclusión de que Lucio Anneo, en sus *Cartas,* a fuer de apasionado por la filosofía, termina por infravalorar

117

las artes liberales. Y, lo que es significativo: incurre en esa visión negativa no percatándose del todo. ¡Lo más asombroso y algo contradictorio!: echa él mano de las mismas humanidades y de sus variados recursos de contenido y de forma, incluso para orillarlas; y, como contraste, para hacer medrar a la filosofía, empleando esos mismos instrumentos.

Si profundizamos más, espanta un poco esta comparación que hacemos ahora en el ámbito de sus *Epístolas morales a Lucilio.* Séneca reconoce a la filosofía ser refugio y amparo del espíritu sobre todo en momentos de quebranto, como se ha comentado en el último capítulo de este ensayo; pero ese mismo privilegio no se lo otorga a las humanidades. Parece así que no es equitativo. Menos mal que fuera del microcosmos de las *Cartas* están otras obras de su bibliografía. Las *Consolationes,* en concreto, nos han dejado asomarnos al filósofo estoico que también se conmueve y consuela, acoge y anima con las humanidades, y las inculca como tal refugio y remedio a otras personas. Acudiendo a ellas se restablece en parte el equilibrio senequista filosofía–artes liberales.

Fue él gran cultivador de las letras y de las ciencias, como rezuman por doquier sus escritos. Incluso en las *Cartas,* su trato severo, parcial e incluso hostil hacia las artes liberales ¡es ejemplarmente humanístico! Si a veces parece buscar asimilar la gramática o la literatura a la filosofía para que tengan todas el mismo fin ético —nos venía ese barrunto en la carta 88[165]—, estamos en la idea de que todo se debe a subrayar tanto la filosofía que cede por unos instantes a la parcialidad. Lo que acusaba el poeta Horacio: «La huida de un defecto conduce al vicio si se hace sin cuidado: *In vitium ducit culpae fuga, si caret arte.*»[166] En realidad sabemos que Lucio Anneo conoce perfectamente las lindes y finalidades de esas disciplinas de expresión escrita u oral. No sin razón se le consideraba «uno de los mayores oradores de su generación»,[167] amén de gran escritor con personalidad propia, que no se esclavizó al avasallador estilo ciceroniano, también genial en su cuño.

---

[165] Cf. arriba, cap. 3º, 2 e.

[166] HORACIO, Q., F., *Arte Poética,* v. 31.

[167] GRIMAL, P., *o.c.,* pg.62. Y cf. pgs. 67,84.

Nuestro egregio hispanorromano es destacado filósofo, en no pequeña proporción gracias al dominio de las letras latinas. Fueron éstas vehículo de expresión de su *filosofía,* sabia y bellamente conducido. Es él, posiblemente, el mejor filósofo y el pensador más profundo de Roma.

Y está dicho todo en estas frases precedentes. *Filosofía* y *letras latinas* hacen que Séneca tenga un lugar adelantado tanto en la historia de la filosofía y del pensamiento occidental, como entre los mejores escritores que ennoblecieron las *letras latinas.*

Bibliografía

AA.VV., *Séneca. Vida, pensamiento y obra*. Planeta De Agostini, S.A., Barcelona 2007.

ALBRECHT, M., von, *Séneca o el arte de la vida*. Editum, Murcia 2019.

BARRIO GUTIÉRREZ, J., voz *Séneca. En Gran Enciclopedia Rialp*, Madrid 1962, 6ª, tomo 21.

BASSI, D., *Saggi di filosofía e di vita romana*. Carlo Signorelli, Milano 1963.

BELLINCIONI, M., *Educazione alla sapienza in Seneca*. Paideia, Brescia 1978.

CODOÑER, MERINO, C. *Séneca y el discurso filosófico*. En *Séneca, dos mil años después*. Actas del Congreso Internacional Conmemorativo del Bimilenario de su Nacimiento. Publicación de la Universidad de Córdoba. Córdoba 1977, pgs. 293-304.

DÍAZ TORRES, J.M., *Séneca*, Gredos, Madrid 2013.

Diderot, D, *Ensayo sobre la vida de Séneca*. Losada, Buenos Aires, 2004.

FERNÁNDEZ-DAZA, C., *Invitación a la serenidad. Séneca*. Ediciones Temas de Hoy, Madrid 1996.

FIDELER, D., *El arte de vivir como un estoico. Desayunar con Séneca para alcanzar una vida buena*. Paidós, Barcelona 2022.

GRIMAL, Pierre, *Séneca o la conciencia del Imperio*. Madrid, Gredos 2013.

— *Séneca*, Gredos, Barcelona 2023.

HERRERO SERRANO, A., *Por la vida con Séneca*, Editorial UFV, Madrid 2018.

LEÓN SANZ, Isabel, *Lucio Anneo Séneca*, Ediciones del Orto, Madrid 1997.

MARCHESI, C., *Seneca*. Principato, Milano 1980, 3ª.

— *Seneca. La dottrina morale*. Economica Laterza, Bari, 1994.

MONTERROSO A., *Séneca: la sabiduría del Imperio*, Almuzara, Córdoba 2018.

ROCA MELIÁ, I., *Epístolas Morales a Lucilio*, Gredos, Madrid 1986 (2 vls.).

Rodríguez Navarro, E. *Séneca: religión sin mitos,* Syntagma, Madrid 1969.

Romm S. J. *Séneca, El arte de vivir.* Koan, Badalona 2023, 2ª.

Séneca, L.A., *Obras completas.* Aguilar, Madrid 1957. Traducción: L. Riber.

— *Cartas a Lucilio.* Editorial Juventud, Barcelona 1982. Traducción: V. López Soto.

— *Cartas a Lucilio.* Cátedra, Madrid 2018. Traducción: F. Socas.

— *Cuestiones naturales.* CSIC, Salamanca, 1979. Traducción de C. Codoñer Merino,

— *Epístolas Morales.* Gredos, Madrid 1989 (2 vls). Traducción: I. Roca Meliá.

— *Lucio Anneo. Diálogos.* Tecnos, Madrid 1986, Estudio preliminar, traducción y notas; C. Codoñer.

— *Séneca: Sobre la felicidad.* Alianza Editorial, Madrid 1983, 3ª. Versión y comentarios: J, Marías.

— *Tratados morales.* Espasa Libros, Barcelona 2012. Traducción: P. Fernández Navarrete.

Socas F. *Séneca, cortesano y hombre de letras,* Fundación José Manuel Lara, Sevilla 2008.

Sørensen, Villi, *Seneca.* Salerno Editrice, Roma, 1988.

Veyne, P. *Séneca: Una introducción,* Marbot Ediciones, Barcelona 2008.

Wilson, E. *Séneca,* Rialp S.A., Madrid, 2016.